cookpad

クックパッドのおいしい
厳選！ **スープレシピ**

新星出版社

はじめに

本書はクックパッドのサイトにある180万品以上のレシピの中から、プレミアム会員だけしか検索することができない人気のレシピや、おいしさの指標である「つくれぽ（実際にレシピを作ったユーザーからの写真付きコメント）」数の多いレシピはもちろん、実際に食べてみておいしかった、味自慢のスープや汁物のレシピを、新星出版社編集部が厳選して掲載しています。

また、幅広い年齢層の方に使いやすいように、定番の和洋中のスープや汁物をはじめ、ユニークなアイデアスープ、話題のご当地スープやエスニックスープなども取り上げました。さらに、カテゴリーごとの章立てや、使用した素材ごとのインデックスを設け、さまざまな食卓のシーンに役立てられるような構成に工夫しました。

本書を活用することで、「おいしい！」「また作りたい！」などのうれしい声がうまれ、あなたの食生活に彩りを添えるのに役に立てれば幸いです。

※レシピ数は2014年9月時点

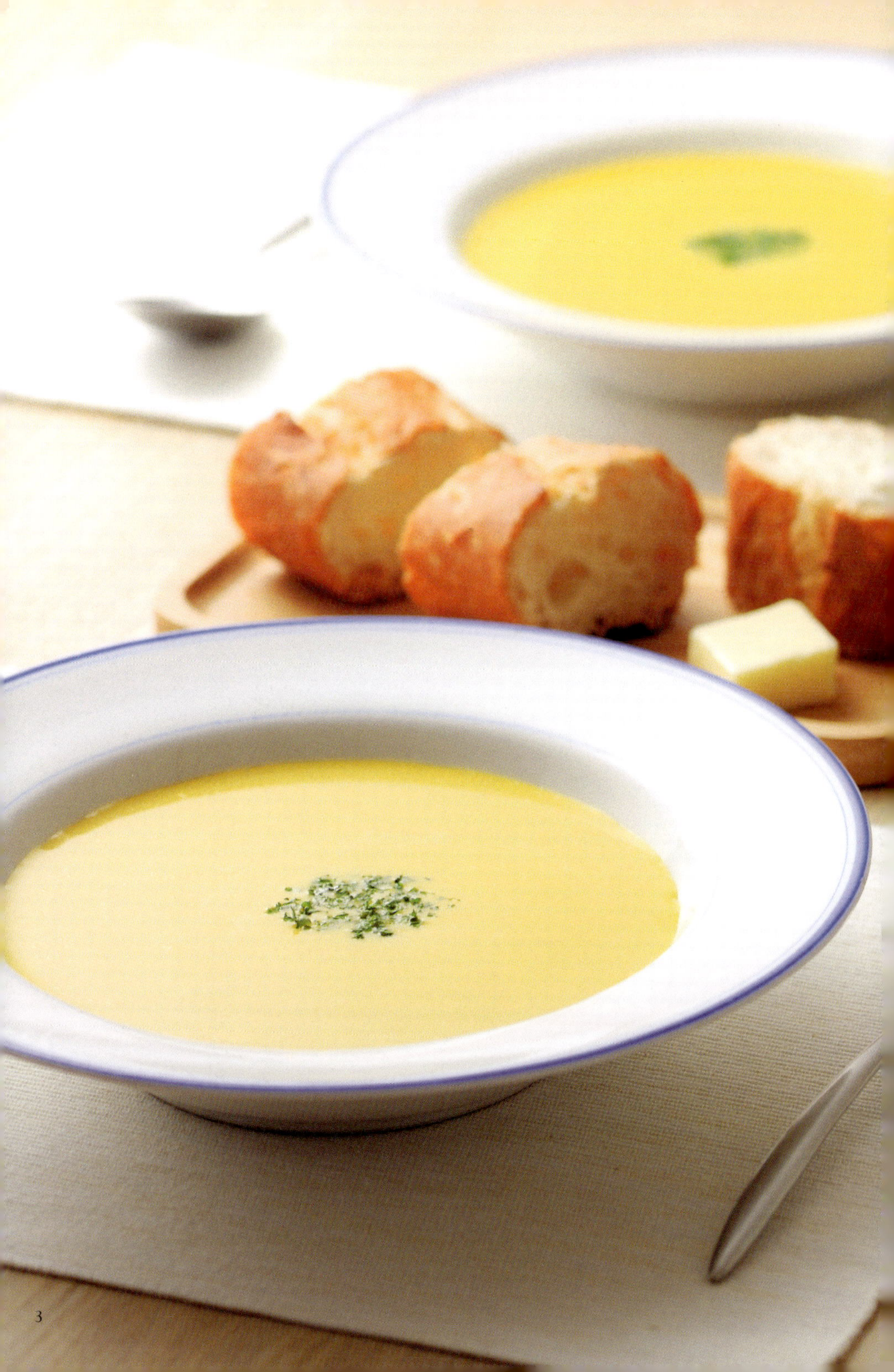

クックパッドとは？

クックパッドとは毎日の料理が楽しくなる、日本最大の料理レシピ投稿・検索サイトです。20〜30代の女性を中心に、月間のべ4400万人以上の人に利用されています。そして、投稿されたレシピを作った人は、レシピ作者へ「おいしかったよ」「アレンジしました」などのコメントを「つくれぽ（作りましたフォトレポートの略）」で伝えることができます。こうしたユーザーの方同士のコミュニケーションを通じて、おいしくて作りやすい家庭料理のレシピが多く集まり、料理の楽しみが広がっていくのが特長です。

また、プレミアムサービスを使えば、数多くのレシピの中から、大人気のレシピをすぐに見つけることができ、献立作りがより便利になります（詳しくは122ページを参照）。

クラムチャウダー

[大好き!♡クラムチャウダー♡] レシピID 446836

材料 [4人分]
- あさり（殻つき）… 300g＊
- ベーコン … 3枚
- 玉ねぎ … 1/2個
- じゃがいも … 1個
- にんじん … 1/2本
- 小麦粉 … 大さじ2
- 水 … 2カップ
- 牛乳 … 1カップ
- 固形コンソメスープの素 … 1個
- パルメザンチーズ … 大さじ1
- 塩、こしょう … 各少々

＊水煮缶を使うより、殻つきのほうが断然おいしい。

作り方
1. 鍋に砂抜きしたあさりと水を入れて火にかける【コツ1】。沸騰してあさりの口が開いたら火を止め、あさりを取り出し、煮汁はとっておく。
2. ベーコン、玉ねぎ、皮をむいたじゃがいもとにんじんはさいの目切りにする。1のあさりは身を殻から取り出す。
3. 鍋にサラダ油大さじ1/2（分量外）を熱し、ベーコンと野菜を炒める。玉ねぎが透き通ってきたら弱火にし、小麦粉を加えて粉っぽさがなくなるまで炒める。
4. 1のあさりの煮汁、牛乳、コンソメを加え、野菜がやわらかくなるまで7～8分煮る。
5. パルメザンチーズを加えて混ぜ、あさりの身を入れる。塩、こしょうで味をととのえ、火を止める。

プラスするとコクが増す！

レシピ作者
Blue-Island

1人当たり
142kcal

つくれぽ
生クリームなしなのに濃厚でおいし～☆ほっこり温まりました♪

コツ❶
あさりは必ず水から煮るのがポイント。

スタッフメモ あさりの旨みがしっかりスープに溶け出していて絶品でした。

誌面について

▶ 掲載されている写真はレシピ作者のレシピを見て再現し、撮影したものです。

▶「材料」とその分量は、サイト上で紹介されているものと同じです。

▶「作り方」は、サイト上で紹介されている行程を、レシピ本の表記ルールに則り、新星出版社 編集部にて再編集していますので、多少表現が異なりますが、実際の作り方は、サイト上に掲載されているものと相違ありません。下線部や「コツ」の写真は、レシピ作者による「コツ・ポイント」を編集部がピックアップしたものです。

▶ レシピ頁掲載の「つくれぽ」では、クックパッドのユーザーが実際に投稿した「つくれぽ」からコメントを紹介しています。

▶「スタッフメモ」では、新星出版社 編集部のスタッフにて実際に調理し、実食した際の感想などを表記しています。

目次

- はじめに ……… 2
- クックパッドとは？ ……… 4
- 誌面について ……… 5

洋風スープ

- ミネストローネ ……… 14
  [簡単♡トマトスープ（ミネストローネ）]
- ポトフ ……… 16
  [お野菜たっぷり！簡単ポトフ]
- 豆乳スープ ……… 18
  [白菜 たっぷり＊豆乳スープ]
- チーズスープ ……… 19
  [キャベツとハムのチーズスープ]
- オニオングラタンスープ ……… 20
  [栄養士k☆主人絶賛オニオングラタンスープ]
- クラムチャウダー ……… 22
  [大好き！♡クラムチャウダー♡]
- トマトとレタスのスープ ……… 24
  [想像を超える?トマトレタス卵の3色スープ]
- 丸ごと新玉ねぎのスープ ……… 25
  [丸ごと♪新玉ねぎのコンソメスープ♪]
- 玉ねぎとにんじんのスープ ……… 26
  [玉ねぎとニンジンの食べるコンソメスープ]

[しょうが入り玉ねぎスープ]
[玉ねぎと生姜のスープ。] …… 28

[長ねぎのスープ]
[長ねぎだけ！のコンソメスープ] …… 29

[ミルクコンソメスープ]
[白菜とベーコンのミルクコンソメスープ] …… 30

[きのこのクリームスープ]
[簡単にお店の味♪きのこのクリームスープ] …… 32

[トマトスープ]
[速攻!!ウインナーとレタスのトマトスープ] …… 34

[鮭と白菜のミルクスープ]
[鮭と白菜の食べるミルクスープ♪] …… 36

和風スープ

[簡単ブイヤベース]
[サバ水煮缶とトマト水煮缶でブイヤベース] …… 37

[コーンクリームスープ]
[♡簡単にコーンスープ♡] …… 38

[ガスパチョ]
[ガスパチョ] …… 39

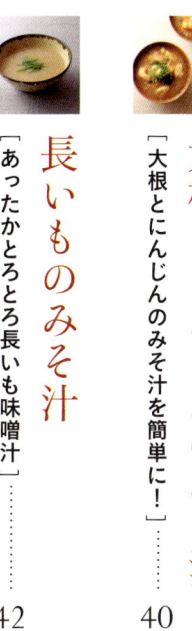

[大根とにんじんのみそ汁]
[大根とにんじんのみそ汁を簡単に！] …… 40

[長いものみそ汁]
[あったかとろとろ長いも味噌汁] …… 42

なすのみそ汁
[汁が紫にならない☆皮付きなすの味噌汁]
……43

卵入りみそ汁
[プリッとかわいいッ落とし玉子のみそ汁]
……44

豆腐とわかめのみそ汁
[超簡単♬豆腐とわかめの味噌汁]
……45

ほうれん草のお吸いもの
[ほうれん草たっぷり♪娘のすきなお吸い物]
……46

三つ葉と卵のお吸いもの
[三つ葉とふわふわ卵のお吸い物♪]
……48

団子入りお吸いもの
[とろーりもちもちおから団子入り❤すまし汁]
……50

はまぐりのお吸いもの
[蛤のお吸い物✲]
……52

あさりのお吸いもの
[アサリのお吸いもの]
……54

あっさりけんちん汁
[簡単！けんちん汁風スープ]
……55

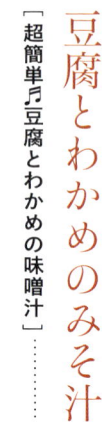

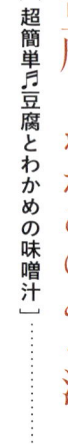

にんにく入りけんちん汁
[居酒屋の父直伝パートⅠ♪コク旨けんちん汁]
……56

粕汁
[こっくり粕汁！基本編]
……58

しょうがと昆布のスープ
[✲とろろ昆布と生姜のスープ✲]
……59

8

中華・エスニックスープ

[ほっとおいしい☆セロリとベーコンのスープ] 洋風素材の和風スープ …… 60

[簡単！豆腐のごま冷や汁] 豆腐ときゅうりの冷や汁 …… 61

[夏にピッタリ♪サバ缶でお手軽冷や汁☆] サバ缶冷や汁 …… 62

[春雨＆にらたまのつるるんスープ] 春雨とにら玉スープ …… 64

[わかめと舞茸の中華スープ。] わかめとまいたけのスープ …… 66

[とろとろ白菜と卵の中華スープ] 白菜と卵のスープ …… 67

[中華たまごスープ] 中華卵スープ …… 68

[簡単なのにお店とおんなじo(*^▽^*)o~♪中華風コーンスープ] 中華風コーンスープ …… 70

[*ヘルシー*きのこの生姜スープ] きのこのスープ …… 72

[メインになる♡美味♥白菜とろとろスープ♡] 白菜スープ …… 73

[生姜たっぷり鶏団子スープ♡] 鶏団子スープ …… 74

もやしの中華スープ
［簡単♪もやしの中華スープ］ …… 75

白菜と肉団子のスープ
［白菜と肉団子のごちそうスープ］ …… 76

冬瓜と卵のスープ
［冬瓜と卵のスープ］ …… 78

ひじきと豆腐のスープ
［ひじきの中華スープ］ …… 79

酸辣湯
［酸辣湯（すっぱ辛い中華スープ）］ …… 80

ワンタンスープ
［餃子の皮で♡なんちゃってワンタンスープ］ …… 81

スープ餃子
［体ポカポカ(◉◞౪◟◉)スープ水餃子］ …… 82

サムゲタン
［鶏手羽元で簡単♪参鶏湯風スープPart2］ …… 84

キムチスープ
［豆腐と豚肉のキムチスープ］ …… 86

トムヤムクン
［おうちで簡単☆トムヤンクン］ …… 88

10

ポタージュ

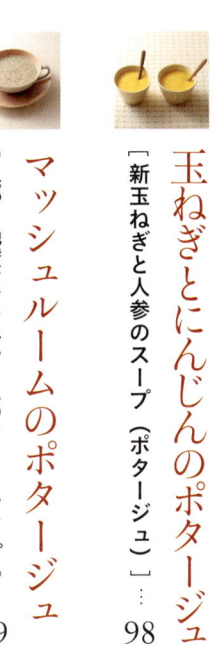

- ほうれん草のポタージュ [ほうれん草のスープ（ポタージュ）] … 90
- かぼちゃのポタージュ [ミキサー不要☆簡単！牛乳でかぼちゃスープ] … 92 
- ポテトポタージュ [母直伝！簡単・じゃが芋スープ] … 94 
- ごぼうのポタージュ [ごぼうのポタージュ☆] … 95 
- ブロッコリーのポタージュ [温まるよ〜＊ブロッコリーの茎のポタージュ] … 96 
- 玉ねぎとにんじんのポタージュ [新玉ねぎと人参のスープ（ポタージュ）] … 98
- マッシュルームのポタージュ [旦那も絶賛マッシュルームのクリームスープ] … 99
- 大根のポタージュ [シンプル☆大根のポタージュ] … 100 
- グリーンピースのポタージュ [グリーンピースと新玉ねぎのポタージュ☆] … 101 
- ヴィシソワーズ [私のヴィシソワーズ] … 102 
- かぼちゃの冷製ポタージュ [簡単！カボチャの冷製スープ♪] … 103

シチュー・スープカレー

ビーフシチュー
[ルーから手作り♡極旨ビーフシチュー☆] …… 104

牛すね肉のビーフシチュー
[とろとろ牛スネ肉のビーフシチュー] …… 106

コーンクリームシチュー
[コーン缶で簡単コーンクリームシチュー♪] …… 108

白菜のクリームシチュー
[手間なし簡単♥白菜のクリームシチュー] …… 109

クリームシチュー
[基本のクリームシチュー] …… 110

ハヤシシチュー
[完熟トマトで☆子供が喜ぶハヤシシチュー] …… 112

じゃがいもとウィンナーのスープカレー
[ポテトとウィンナーのカレースープ] …… 113

スパイスで作るスープカレー
[スパイスは5つだけ★★札幌スープカレー] …… 114

トマトシチュー
[トマトシチュー] …… 116

この本のルール

▼分量表記について
大さじ1は15ml、小さじ1は5ml、1カップは200mlです。いずれもすりきりで量ります。米1合は180mlです。

▼カロリーについて
カロリー計算は、新星出版社編集部の基準で計算したもので、クックパッドサイト上での計算とは異なります。各レシピのカロリーについて、材料の人数に幅があるときは、多い方を採用して1人当たりを割り出して掲載しています。

▼調味料について
特に注釈がない場合は、しょうゆは濃口しょうゆ、砂糖は上白糖、みそはお好みのみそ、バターは有塩バターを使用しています。
でき上がりの量、調味について
各レシピの材料や分量については、各レシピ作者が考案した味を尊重しています。でき上がる分量や塩分量、調味料の量などはレシピによって異なるので、作る前によく確認をしてください。

▼火加減について
強火、弱火など、火加減についての表記がない場合は、すべて中火にて調理、加熱を行ってください。

▼電子レンジについて
電子レンジのワット数は、各レシピ作者によって異なり、レシピ本文には500Wまたは600Wと表記しております。加熱する時間はメーカーや機種によって異なりますので、様子を見て加減してください。電子レンジで加熱する際は、付属の説明書に従って、高温に耐えられるガラスの器やボウルなどを使用してください。

▼掲載レシピについて
掲載しているレシピは、サイト内における「人気ランキング」、また人気の指標でもある「つくれぽ数」などを元にして厳選しています。
料理名の記載は、「一般的な料理の名称」「レシピ作者が考えた料理名」を並列させて表記しています。

作っておくと便利！ つゆ・スープ・ソース

そばつゆ
[絶品♪そばつゆ] …… 118

めんつゆ
[手作り♪★☆めんつゆ☆★] …… 118

そうめんつゆ
[レンジで簡単✽ストレート✽そうめんつゆ✽] …… 119

鶏ガラスープ
[重宝する鶏ガラスープの取り方] …… 120

デミグラスソース
●デミグラスソース簡単手作り …… 121

プレミアムサービスの紹介 …… 122
140万人以上が利用中！プレミアムサービスでできること …… 123
素材別index …… 124

洋風スープ

ミネストローネ

[簡単♡トマトスープ（ミネストローネ）] レシピID 2172889

「ミネストローネ」や「オニオングラタンスープ」「クラムチャウダー」をはじめ、和風食材や缶詰を使った新感覚のアイデアスープをご紹介。

材料 [4人分]
- ウインナーソーセージ … 4～5本
- じゃがいも … 中2個
- にんじん … 1/2本
- 玉ねぎ … 中1/2個
- にんにく … 1かけ
- オリーブオイル … 大さじ1
- トマト水煮缶（ダイス）… 1缶（400g）
- A
  - 水 … 2カップ
  - 固形コンソメスープの素 … 2個
  - 砂糖 … 大さじ1
  - ハーブソルト … 小さじ1
  - ローリエ … 1枚
  - 黒こしょう … 適量

作り方
1. じゃがいもとにんじんは皮をむき、玉ねぎとともに約1cm角に切りそろえる。ウインナーソーセージは5mm幅の輪切り、にんにくはみじん切りにする。
2. 鍋にオリーブオイルを熱し、1のにんにくを炒め、残りの野菜とウインナーソーセージを加えて炒める。
3. **A**を加え、中火で10分ほど煮る。
4. トマト缶を加え、沸騰したら弱火にして、**ぽってりとろみがつくまで20分ほど煮て火を止める。**
5. 器に4を盛り、お好みでみじん切りにしたパセリ適量（分量外）をふる。

砂糖は省いても可。

水分が不足してしまった場合、途中で水を足して。

レシピ作者　どんぴんたん

1人当たり 161kcal

スタッフメモ　ゴロゴロの野菜がたっぷり！食べごたえ十分で濃厚な味わいでした。

14

つくれぽ
おいしくて週1で作っています。翌日が更においしい気がする!

ポトフ

[お野菜たっぷり！簡単ポトフ] レシピID 1956492

材料 [3人分]
キャベツ … 1/4個
玉ねぎ … 1個
じゃがいも … 2個
にんじん … 1本
水 … 4½カップ
固形コンソメスープの素 … 2個
ウインナーソーセージ … 6本
ブロッコリー（お好みで）… 1/3株
塩、こしょう … 各適量

> ベーコンでもOK。その場合は塩、こしょうを入れる前に味見をして。

作り方

1. キャベツは芯を残したままくし形切りに、玉ねぎもくし形切りにする。じゃがいもは皮をむいてひと口大に切り、にんじんも皮をむいて乱切りにする。
2. 鍋に水、コンソメ、1を入れて火にかける。沸騰したら、弱火でコトコト煮る。
3. 野菜がやわらかくなったら、ウインナーソーセージ、お好みで小房に分けたブロッコリーを入れる。塩、こしょうで味をととのえ、さらに10分煮て火を止める。

レシピ作者
ともまき0313

1人当たり
222kcal

> **つくれぽ**
> ポトフ大好き旦那が
> とっても喜び完食♪
> 野菜たっぷりで凄く
> 美味♡感謝

スタッフメモ 野菜の自然な甘みが味わえて、心までほっとするやさしいスープでした。

豆乳スープ
[白菜たっぷり*豆乳スープ]

レシピID 1611454

つくれぽ
初豆乳スープ♡倍量でうまうまです♡家族みんなでたべます！

材料 [2人分]
- 白菜 … 約300g
- ウインナーソーセージ … 2〜3本
  （またはベーコン2枚）
- しめじ … 1/2袋
- ブロッコリー … 1/3株
- コーン … 大さじ1
- A
  - 水 … 1/4カップ
  - 鶏ガラスープの素 … 小さじ1
- 豆乳 … 1½カップ
- 塩、こしょう … 各適量
- 粉チーズ（お好みで） … 大さじ1/2〜

※豆乳が苦手な方は牛乳で作ってもOK。

作り方
1. 白菜とウインナーソーセージは食べやすい大きさに切り、しめじは根元を切り落として小房に分ける。ブロッコリーは小房に分けて下ゆでする。
2. 鍋にA、1の白菜、ウインナーソーセージ、しめじを入れ、ふたをして火にかける（野菜から水分が出るので、少量の水でOK）。
3. 白菜から水分が出てしんなりしてきたら、豆乳、コーン、ブロッコリーを加え、煮立たせないように温める。
4. 塩、こしょうで味をととのえ、お好みで粉チーズも加え、沸騰する直前に火を止める（ブロッコリーはここで加えてもOK）。

レシピ作者
rose✲

1人当たり
173kcal

スタッフメモ　蒸し煮にした白菜がとても甘くて口の中でとろけました。

チーズスープ
[キャベツとハムのチーズスープ]
レシピID 539861

つくれぽ
キャベツたっぷり美味しいスープがさっと出来る素敵なレシピに感謝♪

材料 [3〜4人分]
- キャベツ … 小1/4個
- ハム … 60g
- **とろけるチーズ … 60g**
- 薄力粉 … 大さじ2
- サラダ油 … 適量
- 顆粒コンソメスープの素 … 小さじ2
- 牛乳 … 1½カップ
- 塩、こしょう … 各適量

※スライスタイプなら、あらかじめ小さく切って加えて。

作り方
1. キャベツ、ハムは1〜1.5cm角に切る。とろけるチーズに薄力粉をまぶしておく。
2. 鍋にサラダ油を熱し、ハムを入れて中火で1〜2分炒めてからキャベツを加え、さらに2〜3分炒める。
3. キャベツの香りが出たら、水1カップ（分量外）とコンソメを加えて強火にし、ふたをする。沸騰したら牛乳を加え、ふきこぼれに注意しながら弱めの中火で温める。
4. 沸騰直前ぐらいで1のとろけるチーズを加え、味を見てお好みで塩、こしょうで味をととのえる。全体に軽くとろみがついたら火を止める。

レシピ作者: caramel-cookie

1人当たり **172kcal**

スタッフメモ 「チーズに薄力粉をまぶす」というアイデア、簡単で真似したくなりました。

オニオングラタンスープ

[栄養士k☆主人絶賛オニオングラタンスープ] レシピID 2159986

材料［2人分］

- 玉ねぎ（または新玉ねぎ）… 2個
- A
  - 水 … 2½カップ
  - 顆粒コンソメスープの素 … 小さじ1
- 塩、こしょう … 各適量
- フランスパン（食パンでもよい） … 1カップにつき1切れ
- チーズ … 約30g
- パセリ（みじん切り・お好みで）… 適量

作り方

1. 玉ねぎは繊維に沿って7mm厚さの薄切りにする。
2. 深めの鍋にオリーブオイル適量（分量外）を熱し（フッ素樹脂加工ならオイル不要）、玉ねぎを中火で炒める。途中で弱火にし、混ぜながらあめ色になるまで炒める【コツ1】。
3. Aを加えてそのまま10分煮て、塩、こしょうで味をととのえる。
4. 耐熱容器に3を注ぎ、フランスパンを浮かべ、チーズをのせる。170℃のオーブンでチーズがとろけるまで7〜10分焼く。お好みでパセリをふる。

レシピ作者
栄養士かなえもん

1人当たり
243kcal

コツ1 
玉ねぎはやりすぎるくらい炒めるのがポイント。焦げそうになったら水を加えて。

> **つくれぽ**
> レストランでしか見たことなかったです！自分で作れて感激☆

スタッフメモ　あめ色玉ねぎのコクが食べた瞬間、口の中いっぱいにジュワッと広がりました。

大好き！♡クラムチャウダー♡

レシピID 646836

材料 [4人分]
- <u>あさり（殻つき） … 300g</u> ← 水煮缶を使うより、殻つきのほうが断然おいしい。
- ベーコン … 3枚
- 玉ねぎ … 1/2個
- じゃがいも … 1個
- にんじん … 1/2本
- 小麦粉 … 大さじ2
- 水 … 2カップ
- 牛乳 … 1カップ
- 固形コンソメスープの素 … 1個
- パルメザンチーズ … 大さじ1
- 塩、こしょう … 各少々

作り方

1. <u>鍋に砂抜きしたあさりと水を入れて火にかける</u>【コツ1】。沸騰してあさりの口が開いたら火を止め、あさりを取り出し、煮汁はとっておく。
2. ベーコン、玉ねぎ、皮をむいたじゃがいもとにんじんはさいの目切りにする。1のあさりは身を殻から取り出す。
3. 鍋にサラダ油大さじ1/2（分量外）を熱し、ベーコンと野菜を炒める。玉ねぎが透き通ってきたら弱火にし、小麦粉を加えて粉っぽさがなくなるまで炒める。
4. 1のあさりの煮汁、牛乳、コンソメを加え、野菜がやわらかくなるまで7〜8分煮る。
5. <u>パルメザンチーズを加えて混ぜ</u>、あさりの身を入れる。塩、こしょうで味をととのえ、火を止める。 ← プラスするとコクが増す！

レシピ作者
Blue-Island

1人当たり
142kcal

コツ ①

あさりは必ず水から煮るのがポイント。

スタッフメモ　あさりの旨みがしっかりスープに溶け出していて絶品でした。

> **つくれぽ**
>
> 生クリームなしなのに濃厚でおいし〜☆ほっこり温まりました♪

トマトとレタスのスープ

[想像を超える？トマトレタス卵の3色スープ] レシピID 2563661

材料 [3～4人分]

- トマト … 1個
- レタス … 2枚くらい
- 卵 … 1個
- にんにく … 1かけ
- オリーブオイル … 大さじ1/2

A
- 水 … 3カップ
- 酒 … 大さじ2
- 鶏ガラスープの素 … 大さじ1½
- 塩 … ひとつまみ

作り方

1. 卵は常温に戻しておく。トマトはへたを取り、食べやすい大きさに切る。にんにくはみじん切りにする。
2. 鍋にオリーブオイルとにんにくを入れ、火にかける。香りが出たらトマトを加え、油が回るようにさっと炒める。
3. Aを加え、沸騰したら弱火で3分ほど煮る。その間に卵は溶きほぐし、レタスは手で食べやすい大きさにちぎる。
4. 溶き卵を流し入れていったん火を止める。レタスを加えて再び温め、火を止める【コツ1】。

コツ1 レタスは最後に加えるとシャキシャキ感が残り、色の鮮やかさもキープできる。

つくれぽ 本当に想像以上の美味しさ！簡単なのに癖になる♡♡

レシピ作者 りょーーーこ

1人当たり 73kcal

スタッフメモ 具材3色の彩りがとてもきれい。手軽な食材で作れるのも魅力です。

丸ごと新玉ねぎのスープ

[丸ごと♪新玉ねぎのコンソメスープ♪]
レシピID 1678923

つくれぽ
簡単なのに、すごく本格的な美味しいスープが作れて感動です！

材料［1人分］

- 新玉ねぎ … 1個　←冷蔵庫に残っている具材を追加してもOK。
- A
  - 水 … 2½カップ
  - 固形チキンコンソメスープの素 … 1個
- 黒こしょう（お好みで）… 適量
- パセリ（みじん切り・お好みで）… 適量

作り方

1. 新玉ねぎは薄皮を1枚むき、根元の部分は包丁でくり抜く。
2. 鍋に1とAを入れ、落としぶたをして中火で玉ねぎがやわらかくなるまで30分煮る。味を見て薄ければもう少し煮て、お好みで黒こしょうをふる。
3. 器に2を盛り、お好みでパセリをふる。

レシピ作者 ぽにえ

1人当たり **58kcal**

スタッフメモ　じっくり煮た新玉ねぎが甘くてトロトロでした。おもてなしにも◎。

玉ねぎとにんじんのスープ

[玉ねぎとニンジンの食べるコンソメスープ] レシピID 1389262

材料［2人分］

- 玉ねぎ … 中1個
- にんじん … 1/2本
- バター … 適量
- A｜水 … 2カップ
  ｜固形コンソメスープの素 … 1個
- 塩、こしょう … 各適量
- パセリ（みじん切り）… 適量

作り方

1. 玉ねぎは薄切りに、にんじんはスライサーで薄く細切りにする（指まで切らないように注意）【コツ1】。
2. 鍋にバターを溶かし、玉ねぎを炒める。玉ねぎが透き通ってきたら、にんじんも加えて炒める。
3. 2にAを加え、中火で3分ほど煮る。ふたをして弱火にし、さらに4〜5分煮つめる。
4. 野菜がやわらかくなったら火を止め、塩、こしょうで味をととのえる。器に盛り、パセリをふる。

コツ①

材料を薄切りや細切りにすると火の通りが早くなり、食べやすくなる。

レシピ作者
多摩たまこ

1人当たり
67kcal

スタッフメモ　野菜を薄切りや細切りにしているので、多めでも食べやすくて体にいい！

> **つくれぽ**
> お店の味だ！と家族大絶賛！人参苦手な旦那さんがペロリと完食♪

しょうが入り玉ねぎスープ

[玉ねぎと生姜のスープ。] レシピID 246353

材料 [3〜4人分]

- 玉ねぎ … 大1個
- しょうが … 15〜20g
- サラダ油 … 少々
- A｜水 … 6カップ
  ｜固形コンソメスープの素 … 3個
- しょうゆ … 小さじ1〜2
- パセリ（みじん切り・あれば）… 少々

作り方

1. 玉ねぎは半分に切り、さらに薄切りにする。しょうがはせん切りにする。
2. 鍋にサラダ油と1を入れ、中火で炒める。玉ねぎが茶色くなってしんなりとしたら、Aを加えて強火にする。
3. 沸騰したら弱めの中火にして、アクを除きながら15分ほど煮込む。
4. **仕上げにしょうゆを加えて味をととのえる**。器に盛り、あればパセリをふる。

> しょうゆの量は味見をしながら調節して。

つくれぽ
風邪でグッタリの旦那さんに。生姜パワーで元気になりそぅ^_^

レシピ作者 ラビー

1人当たり **42kcal**

スタッフメモ コンソメにしょうがとしょうゆの組み合わせが想像以上に合いました。

長ねぎだけ！のコンソメスープ

レシピID 1375231

材料 [2人分]
- 長ねぎ … 1本（約85g）
- オリーブオイル … 大さじ1
- A
  - 水 … 2カップ
  - 固形コンソメスープの素 … 1個（顆粒コンソメスープの素なら小さじ2）
- 塩、こしょう … 各少々
- しょうゆ（お好みで）… 少々
- 粗びき黒こしょう … 少々

作り方
1 長ねぎは青い部分まで含めて3〜4cm長さに切る。
2 鍋にオリーブオイルを熱し、**長ねぎを入れて焼き目がつくまで炒める【コツ1】**。
3 Aを加えて煮立たせる。塩、こしょう、お好みでしょうゆを加えて味をととのえる。器に盛って粗びき黒こしょうをふる。

コツ1 
よい香りがするまで長ねぎに焼き色をつけて。焦げすぎると風味を損なうので注意。

レシピ作者 berry+

1人当たり 71kcal

つくれぽ
ネギを嫌がる子ども達もネギが甘くて美味しいと食べてくれました♡

スタッフメモ　長ねぎの香ばしさと甘みをシンプルに味わえるスープです。

> **つくれぽ**
>
> あら、美味しい♡仕事から帰ってすぐに作れ、働く主婦の味方レシピ♬

ミルクコンソメスープ

[白菜とベーコンのミルクコンソメスープ] レシピID 940164

材料 [2人分]
白菜 … 2枚くらい
ベーコン … 1枚
ブロッコリー … 適量(今回は10房使用)
水 … 1カップ
固形コンソメスープの素 … 1個
牛乳 … 1カップ
バター … 5g
粉チーズ … 大さじ1
塩、こしょう … 各適量
粗びき黒こしょう … 適量

作り方
1. 白菜はざく切りに、ベーコンは1cm幅に切る。ブロッコリーは小房に分ける。
2. 鍋に水を入れて火にかけ、1とコンソメを入れて煮る。
3. **野菜に火が通ったら牛乳を加え、再び温まったら【コツ1】**バターと粉チーズを入れ、塩、こしょうで味をととのえる。器に盛り、粗びき黒こしょうをふる。

コツ①
牛乳を加えたら煮立たせないように温めて。

レシピ作者
えみんちゅ*

1人当たり
157kcal

スタッフメモ　バターと粉チーズを加えると、手軽にリッチな味わいが楽しめます。

きのこのクリームスープ

[簡単にお店の味♪きのこのクリームスープ] レシピID 1269327

材料 [3〜4人分]

- きのこ（ここではブラウンマッシュルーム）… 100g
- 玉ねぎ … 大1個（約240g）
- ベーコン … 2〜3枚（約45g）
- しょうゆ … 大さじ1½
- 水 … 1カップ
- 塩 … 小さじ1/4
- 小麦粉 … 大さじ2
- 牛乳 … 1½カップ
- 無塩バター（または無塩マーガリン）… 10g

> 香りの強い、まいたけやしいたけなどもおすすめ。

作り方

1. きのこは石づきを取り、玉ねぎとともに粗みじん切りにする。ベーコンは5mm幅に切る。
2. フライパンにベーコンを入れて熱し、脂が出てきたら玉ねぎを加え、中火で炒める。油が足りないようならサラダ油少々（分量外）を加えるとよい。
3. 玉ねぎが透き通ってきて、水けも飛んできたら、大さじ2の量をボウルに移して冷ましておく。
4. 残りの具材にしょうゆを加えて軽く炒めたら、きのこと水、塩を加えて弱火で15分煮る。あればお好みでローリエ1枚（分量外）を入れる。
5. 3で冷ましておいた具材に小麦粉を加え、ポロポロになるまで菜箸で混ぜる。冷たい牛乳1/4カップを加えて混ぜる。
6. 4に残りの牛乳を加え、温まったら5を菜箸でかき混ぜながら加え、とろみが出るまで煮る。味を見て足りなければ塩少々（分量外）を加え、仕上げにバターを入れて火を止める。器に盛り、お好みで刻んだイタリアンパセリ適量（分量外）をふる。

レシピ作者
yuzu ゆず

1人当たり
163kcal

スタッフメモ　きのこの旨みを余すところなく堪能できました。隠し味のしょうゆもgood！

つくれぽ

コンソメ入れなくてもキノコの旨味で美味しいんですね´ ³`

トマトスープ

[速攻!! ウインナーとレタスのトマトスープ] レシピID 2050984

材料 [2人分]
ウインナーソーセージ … 4本
レタス … 2〜3枚
- トマト水煮缶（ホール）… 1/2缶（200g）
水 … 1カップ
A｜顆粒コンソメスープの素 … 小さじ1
　｜トマトケチャップ … 小さじ1
　｜塩、こしょう … 各少々
粉チーズ … 小さじ2

生のトマトより、トマト水煮缶のほうがリコピン、βカロテンなどがより多く含まれている。

作り方
1 ウインナーソーセージは斜め半分に切り、レタスは手で食べやすい大きさにちぎる。
2 鍋にトマト缶と水を入れて火にかける。沸騰したら弱火にし、Aを加えて2〜3分煮る。
3 1を加え、レタスがくたくたになったら火を止める。器に盛り、粉チーズをふる。

レシピ作者
bobitin

1人当たり
155kcal

> **つくれぽ**
> トマトの酸っぱさと粉チーズのまろやかさがクセになります＊

鮭と白菜のミルクスープ

[鮭と白菜の食べるミルクスープ♪]

レシピID 2126952

つくれぽ
沢山作り残ったスープにご飯とチーズでドリア風に♡美味でした♪

材料［4人分］
- 鮭切り身 … 2切れ
- 白菜 … 小1/4株
- 牛乳 … 3カップ
- マーガリン（またはバター）… 小さじ1
- 固形コンソメスープの素 … 2個
- 塩、こしょう … 各少々
- 乾燥パセリ … 少々

作り方
1. 鮭は1切れを4等分に切る。白菜は1cm幅のざく切りにする。
2. 鍋に1と牛乳を入れて中火にかける。
3. **フツフツと温まってきたら、マーガリンとコンソメを加えて混ぜ、白菜がしんなりするまで煮る**。味を見て塩、こしょうで味をととのえる。器に盛り、乾燥パセリをふる。

煮込んでいるときに牛乳がふきこぼれないよう、火加減に注意して。

レシピ作者　puyopunyu

1人当たり 177kcal

スタッフメモ　主菜としてもいただけそう。魚が苦手なお子さんにもおすすめです。

簡単ブイヤベース

[サバ水煮缶とトマト水煮缶でブイヤベース]

レシピID 1397100

> **つくれぽ**
> オシャレで美味！家にある材料で作れるので助かりました☆

材料 [作りやすい分量]

- さば水煮缶 … 1缶（190g）
- トマト水煮缶 … 1缶（400g）
- 玉ねぎ … 1個
- A
  - 塩 … 小さじ1弱
  - 水 … 2カップ
- ローリエ（あれば）… 1枚
- カレールウ … 1かけ

作り方

1. 玉ねぎは薄切りにする。
2. 鍋にさば缶のスープ、トマト缶、1、A、あればローリエを入れて煮る。
3. カレールウを入れて溶かし、さば缶の身を加えてやさしくかき混ぜ、火を止める。

じゃがいもなどの野菜を薄切りにして加えるのもおすすめ。

レシピ作者　おいしっぽ

全量で **770kcal**

スタッフメモ　さば水煮缶のスープを活用するというアイデアに脱帽です。

コーンクリームスープ

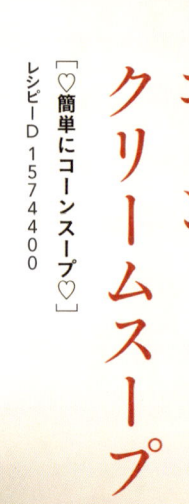

[♡簡単にコーンスープ♡]
レシピID 1574400

つくれぽ
このレシピが1番美味しい！リピリピ♪市販の物はもう飲めないわー。

材料 [3〜4人分]
コーン缶 (クリーム) … 1缶 (435g)
牛乳 … コーン缶と同じ分量
塩、こしょう … 各少々
固形コンソメスープの素 … 1個
パセリ (みじん切り) … 少々
クルトン … お好きなだけ

作り方
1 鍋にコーン缶を入れ、同量の牛乳を加えて火にかけ、煮つめる。
2 塩、こしょう、コンソメで味をととのえる。器に盛り、パセリとクルトンをのせる。

レシピ作者
あゆ♡

1人当たり
107kcal

スタッフメモ　鍋に材料を入れて温めるだけ！忙しい朝にもぴったりです。

[ガスパチョ]
レシピID 210778

ガスパチョ

> **つくれぽ**
> おもてなしの前日に作ったら確かにまろやかで更に美味☆リピします！

材料 [4〜6人分]

- トマト … 中4個
- きゅうり … 1本
- 赤ピーマン … 1個
  （または赤パプリカ1/2個）
- 玉ねぎ … 小1/4個
- にんにく … 小1/2かけ
- バゲット … 10cm
- 水 … 1/2カップ
- オリーブオイル … 大さじ4
- 白ワインビネガー … 大さじ2
- 塩 … 小さじ1/2
- 白こしょう … 少々

作り方

1. トマトときゅうりは皮をむき、赤ピーマンはへたと種を取り、玉ねぎとともにざく切りにする。きゅうりの皮はみじん切りにし、浮き実用にとっておく。
2. **バゲットの白い部分を取り出して水適量（分量外）を含ませ、ぎゅっと絞る。**
3. 大きめのボウルにきゅうりの皮以外の材料をすべて入れる。ハンドミキサーでなめらかになるまで撹拌し、**冷蔵庫でよく冷やす。**
4. 器に3を盛り、きゅうりの皮を浮かべる。お好みでオリーブオイル少々（分量外）をたらす。

使うのはバゲットの白い部分。皮は使わないので、バターなどをつけて食べて。

作った当日よりも翌日のほうが味がまろやかにおいしくなる。

レシピ作者
せつぶんひじき

1人当たり
132kcal

スタッフメモ　程よい酸味が暑い時期にぴったり。1日おくとよりまろやかな味わいになるのも納得です。

和風スープ

大根とにんじんのみそ汁

[大根とにんじんのみそ汁を簡単に！] レシピID 2007576

定番の「みそ汁」「お吸いもの」「けんちん汁」に、「粕汁」「冷や汁」などご当地の汁物を集めました。どれも滋味あふれるものばかりです。

材料［4〜5杯分］
- 大根 … 140g〜
- にんじん … 40g〜
- **油揚げ … 小1/2枚**
- 水 … 3カップ
- 顆粒和風だし … 小さじ1
- みそ … 大さじ3
- 小ねぎ … 適量

> 油揚げを少量加えることでコクが出る。

> 指までスライスしないようにケガに注意して。

作り方

1. 大根は皮をむいて半分に切る。**ボウルにスライサー（あれば穴が大きめのもの）をセットし、大根と皮をむいたにんじんを細切りにする。**油揚げは小さめの短冊切りにする。

2. 鍋に水を入れて中火〜にかけ、1の大根とにんじんを加える。沸騰してきたら火を弱め、油揚げを加えてひと煮立ちさせる。弱火にして、顆粒和風だしとみそを入れてふたをし、火を止める（すぐ食べる場合は、みそを溶く。時間をおく場合は食べる前に再び火にかけ、みそを溶く）。

3. 器に盛り、小ねぎの小口切りを散らす。

レシピ作者 **ともりん0203**

1人当たり **40kcal**

スタッフメモ 野菜がたくさん食べられて、シンプルな味わいが絶品でした。

つくれぽ
大根と人参のふわっと感がいいですね☆ ごちそうさまでした〜♪

長いものみそ汁

[あったかとろとろ長いも味噌汁]

レシピID 1636209

つくれぽ
味噌汁に長芋＆豆板醤は目から鱗でした！とろとろ美味しかったです☆

材料 [4人分]
- 長いも … 6cmくらい（約160g）
- だし汁（昆布とかつお節）… 4カップ
- みそ … 大さじ2½〜3
- 小ねぎ … 適量
- 豆板醤（お好みで）… 小さじ1/2

長いもがすりおろしきれずに、少し形が残っていてもおいしい。

作り方
1. **長いもは皮をむいてすりおろす。**
2. 鍋にだし汁を入れて火にかけ、沸騰したら火を止めてみそを溶き入れる。長いもを加えてなじませ、ひと煮立ちさせて火を止める。器に盛り、斜めに薄く刻んだ小ねぎをのせる。お好みで豆板醤を加える。

レシピ作者 ゆきるさん

1人当たり 53kcal

スタッフメモ とろとろで冷めにくく、なんともいえない口当たりはクセになりそうです。

なすのみそ汁

[汁が紫にならない☆皮付きなすの味噌汁]

レシピID 1192174

材料 [2人分]

- なす … 大1本
- だし汁
  - 水 … 1¾カップ
  - 顆粒和風だし … 小さじ1強
- みそ（あれば色が濃いめのみそ）… 大さじ2強
- みょうが … 少々

作り方

1. なすは冷蔵していたら常温に戻す。
2. 鍋にだし汁を入れて火にかけ、沸騰させる。なすはへたを取って縦半分に切り、さらに斜め5～8mm幅に切る。
3. だし汁が沸騰しているところへ切りたてのなすを入れ、泡が出ている状態のまま強火で2分煮て火を止める【コツ1】。
4. みそを溶き入れ、器に盛ってせん切りにしたみょうがをのせる。

コツ 1
なすは、泡立つほど沸騰している状態で煮ると、汁が紫色にならない。

レシピ作者　ハッピーベル

1人当たり **72kcal**

つくれぽ
茄子の味噌汁は紫なものと思ってましたー！こんな技があったとは！

スタッフメモ　なすの素朴な味わいが楽しめました。アクセントのみょうがとも合いますね。

卵入りみそ汁
[プリッとかわいいッ落とし玉子のみそ汁]
レシピID 401057

> **つくれぽ**
> 鍋底にくっつかないしすごく綺麗なツルッとした卵ができて感動!

材料 [1人分]
- 卵 … 1個
- だし汁 … 1カップ
- みそ … 大さじ1/2
- 長ねぎなどの薬味 … ひとつまみ

作り方
1. 鍋にだし汁を温めてみそを溶き、みそ汁を作る。
2. **耐熱容器に卵を割り入れ、600Wの電子レンジで20秒加熱する（端が少し白くなる程度。加熱しすぎると卵が破裂してしまうので注意）。**
3. 1に斜め切りにした長ねぎを入れて、静かに煮立てる。2をそっと落とし入れ、2〜3分煮て火を止める。

卵は電子レンジで少し加熱してから煮ると、鍋の底にくっつかず、仕上がりもきれいに。

レシピ作者 **ぺっちん**

1人当たり **97kcal**

スタッフメモ　卵のみそ汁が大好きなので、レンジとの併せワザ、次回から真似してみます。

豆腐とわかめのみそ汁

[超簡単♪豆腐とわかめの味噌汁]
レシピID 2269748

> **つくれぽ**
> わかめもそのまま入れるのってダシも出るし、時短にもなるし最高♪

材料 [4人分]
豆腐（絹ごしでも木綿でもよい）… 200g
カットわかめ（乾燥）… 4g（ふたつまみ）
水 … 4カップ
みそ（だし入り）… 40g

作り方
1. 豆腐はお好みの大きさに切る。
2. 鍋に水を入れて火にかけ、沸騰する前の小さな泡が出始めたら、豆腐とわかめを入れる。
3. わかめが広がってきたらみそを溶き入れ、沸騰前に火を止める。

レシピ作者
バウンド

1人当たり
51kcal

スタッフメモ　これぞ定番みそ汁！だし入りみそと乾燥わかめを併用すれば手間いらずですね！

ほうれん草のお吸いもの

[ほうれん草たっぷり♪娘のすきなお吸い物] レシピID 479090

材料 [たっぷり3人分]

- ほうれん草 … 1/2束〜
- 塩（下ゆで用）… 適量
- 卵 … 2個
- だし汁 … 1ℓ
- 塩 … 小さじ1½ ● ← 塩は少なめの分量で調節しながら加えて。
- みりん … 大さじ1
- 薄口しょうゆ … 大さじ1

作り方

1. ほうれん草は塩（下ゆで用）を入れた熱湯でゆで、水にさらしてアクを除く。かたく絞って根元を切り落とし、3cm長さに切る。
2. 卵は溶きほぐす。
3. 鍋にだし汁、塩、みりん、薄口しょうゆを入れて火にかける。煮立ったら1を加える。
4. 2をほうれん草の上から回しかける（溶き卵は500Wの電子レンジで25〜30秒加熱してから回しかけると卵が早く固まる）。ふたをしてひと煮立ちさせ、火を止める。

つくれぽ

ほうれん草の消費に。汁物のレパートリーが増えて嬉しいです！

レシピ作者 ぺっちん

1人当たり 75kcal

スタッフメモ　ほうれん草がたくさん入った食べるお吸いもの。食べごたえがありました。

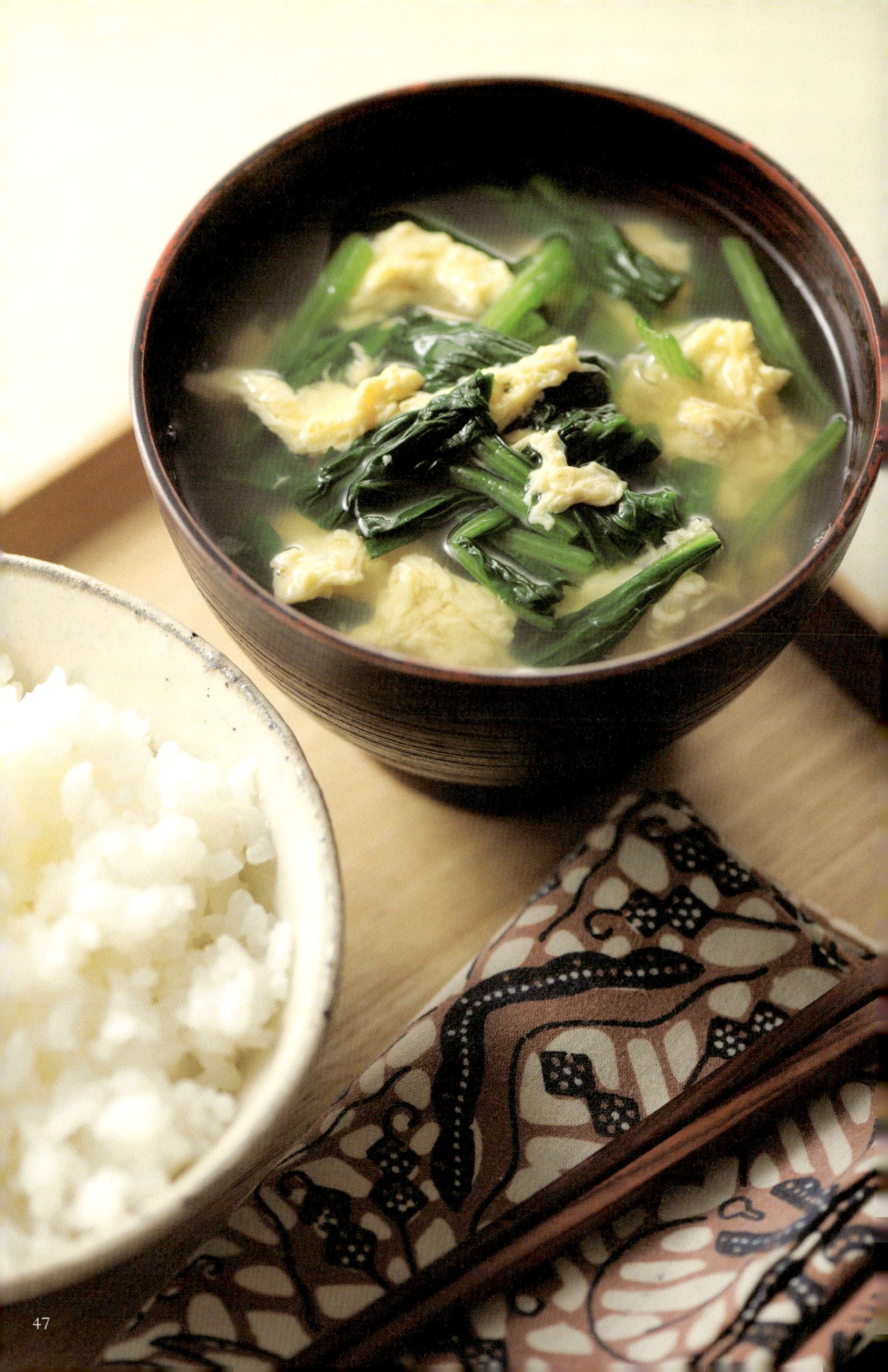

三つ葉と卵のお吸いもの

[三つ葉とふわふわ卵のお吸い物♪] レシピID 774672

材料[4人分]
三つ葉 … 1袋
卵 … 2個
だし汁 … 4カップ
塩 … 小さじ1/2
酒 … 大さじ2
みりん … 大さじ1
しょうゆ … 大さじ2

作り方
1 三つ葉は根元を切り落とし、3cm幅に切る。卵は溶きほぐす。
2 鍋にだし汁を温め、塩、酒、みりん、しょうゆの順に入れる。煮立ったら三つ葉を加える。
3 再び煮立ったら、強火のまま溶き卵を回し入れ【コツ1】、ふたをして1分煮る。卵が浮いてきてふわふわになったら火を止める。

コツ1
溶き卵は強火の状態で早いうちに回し入れるとよい。

レシピ作者
たまきtam

1人当たり
59kcal

つくれぽ
三つ葉の風味が給食時代から苦手だったけど、これは本当に美味しい♡

スタッフメモ 独特な香りの三つ葉。ふわふわ卵との組み合わせでおいしくいただけます。

団子入りお吸いもの

[とろーりもちもちおから団子入り♥すまし汁] レシピID 987383

材料 [4人分]

A
- おから … 100g
- 片栗粉 … 大さじ5
- 水 … 1/2カップ弱（90mℓ）
- 顆粒和風だし（あれば）… 小さじ1
- 塩 … 少々

- だし汁 … 3カップ
- 酒 … 大さじ1
- みりん … 大さじ1
- しょうゆ … 大さじ1½
- 長ねぎ … 1/2本
- いりごま（白・お好みで）… 適量

作り方

1. 耐熱ボウルにAを入れてよく混ぜ合わせ、500Wの電子レンジで2分加熱する。取り出してさらによく混ぜ、再び500Wの電子レンジで3分加熱し、よく混ぜる【コツ1】。
2. 粗熱がとれたら、ひと口大に丸める（手を水でぬらすと成形しやすい）。
3. 鍋にだし汁、酒、みりんを入れてひと煮立ちさせ、2を加える。しょうゆと斜め切りにした長ねぎを加え、ひと煮立ちさせ、火を止める。器に盛り、お好みでいりごまを散らす。

コツ①

おから団子の材料はとにかくよく混ぜること。つきたてのお餅のようなもちもちの食感に。

レシピ作者　クリスティ〜ナ

1人当たり　86kcal

スタッフメモ　おからを使ったヘルシー団子は、一度食べたらやみつきになりそうです。

> **つくれぽ**
> めっちゃもちもちー。
> お餅みたい(^-^)v
> ダイエットの味方で
> す

はまぐりのお吸いもの

[蛤のお吸い物]
レシピID 1943535

材料 [2人分]
- はまぐり（殻つき）… 8～10個
- 三つ葉 … 2本
- 手毬麸 … 4個
- 昆布 … 約4g
- 水 … 2カップ
- 酒 … 大さじ1～1½
- 塩 … ひとつまみ

> 昆布とはまぐりから出るだしの旨みを味わうため、薄口しょうゆは不要。

作り方

1. はまぐりは海水程度の塩水（水1カップに対して塩小さじ1）（各分量外）につけ、暗い所に2～3時間おいて砂抜きをする【コツ1】。砂を吐かせたら、殻と殻をこすり合わせて洗う。
2. 三つ葉はさっとゆで、茎の部分を半分に折ってひと結びする。麸は水でもどす。
3. 昆布は乾いたふきんでふき、表面の汚れを落とす。鍋に水と昆布を入れ、30分おく。
4. 3にはまぐりを入れて弱火にかける。沸騰直前まで煮たら昆布を取り出し、アクを取りながら煮る。はまぐりの口が開いたものからざるにあげ、器に盛る。
5. 残った汁に酒と塩を加えて味をととのえ、はまぐりを入れた器へ注ぐ。軽く水けを絞った麸と三つ葉を添える。

コツ1
はまぐりが吐いた砂をもう一度吸ってしまわないように、砂抜きするときは、ボウルの上にざるを重ねて使うとよい。

レシピ作者 YUKI0611

1人当たり 49kcal

スタッフメモ はまぐりと昆布から出るおだしが美味。料理上手と思わせる一品です。

> **つくれぽ**
> 醤油入れなくてもこんなに美味しくなるんですね!!お食い初め利用♪

あさりのお吸いもの

[アサリのお吸い物]
レシピID 339108

つくれぽ
初めてお吸い物にチャレンジ！うまく出来ました♪お出汁が美味しっ♡

材料［4人分］

- あさり（殻つき）… 1パック（250g）
- A
  - 水 … 4カップ
  - 酒 … 大さじ4
  - 昆布（10cm角のもの）… 1枚
- 薄口しょうゆ … 小さじ2
- 塩 … 適量
- 三つ葉 … 適量

あさりに含まれる塩分によって味が変わるので、塩加減は最後に調節を。

作り方

1. あさりは薄い塩水（分量外）につけて砂抜きをする。殻と殻をこすり合わせて洗い、ざるにあげる。
2. Aの昆布はかたく絞ったぬれぶきんで汚れをふき取る。
3. 鍋にAと1を入れて中火にかけ、煮立つ直前に昆布を取り出す。あさりの口が開いたらアクを取り、味を見て薄口しょうゆと塩で味をととのえる。
4. 器にあさりを入れて汁を注ぎ、刻んだ三つ葉をのせる。

レシピ作者
パルフェ

1人当たり
32kcal

スタッフメモ　あさりが想像以上にプリプリで汁までおいしかったです。

あっさりけんちん汁

[簡単！けんちん汁風スープ]
レシピID 285734

つくれぽ
旦那様からのリクエストで作りました。ほっこりしちゃいます。

材料 [4人分]
- 大根 … 1/4本
- にんじん … 1/2本
- 油揚げ … 1枚
- きのこ（しめじ、まいたけなど） … 1/2パック（約50g）
- 木綿豆腐 … 1/2丁（約150g）
- 長ねぎ … 1/2本
- 水 … 3¾カップ
- 顆粒和風だし … 小さじ1½
- 酒 … 大さじ1
- しょうゆ … 大さじ1
- 塩 … ひとつまみ（好みで調節）
- ごま油（仕上げに） … 小さじ1

作り方

時間短縮のコツは野菜をあまり厚く切らないこと。

1. 大根とにんじんは皮をむいて厚さ4mmほどのいちょう切りにし、油揚げは短冊切りにする。きのこは石づきを落としてほぐす。長ねぎは斜め小口切りにする。
2. 鍋に水と大根、にんじんを入れて火にかけ、煮立ったらアクを取って顆粒和風だし、酒を加える。少しずらしてふたをし、弱めの中火で15分ほど煮る。
3. 大根がやわらかくなったら、油揚げ、きのこ、しょうゆを加えてさっと煮る。豆腐を手でくずし入れ、5分ほど煮る。
4. 味を見て薄ければ塩で味をととのえる。長ねぎを加え、さっと火が通ったら、ごま油をたらして火を止める。

レシピ作者　cureo

1人当たり **87kcal**

スタッフメモ　炒める手間を省いたお手軽けんちん汁。時間がないときに助かります。

つくれぽ

しっかり出汁と隠し味のにんにくがとてもいい味に、感動デス♡感謝♪

にんにく入りけんちん汁

[居酒屋の父直伝パートI♪コク旨けんちん汁] レシピID 517886

材料 [3〜4人分]

大根、にんじん、玉ねぎ、ごぼう、
　白菜、厚揚げ、豆腐、しめじなど
　お好みの具 … 各適量
※今回、具は大根10cm、にんじん1/2本、
　玉ねぎ1/4個、ごぼう1/2本、
　白菜2枚、厚揚げ1枚を使用

だし汁（昆布とかつお節）… 4½カップ
にんにく … 1/2かけ
ごま油 … 少々
A｜酒 … 大さじ2
　｜みりん … 大さじ1/2
　｜薄口しょうゆ … 大さじ3
　｜塩 … 小さじ1
小ねぎ … 少々

作り方

1. 野菜などの具材は皮をむき、食べやすい大きさに切る。厚揚げを使う場合は熱湯を回しかけ、油抜きしておく。かつお節と昆布でちょっと濃い目のだし汁を作る。にんにくは薄切りまたはみじん切りにする。

2. 鍋にごま油を熱し、野菜を軽く炒める。全体に油が回ったら、だし汁とにんにくを加える【コツ1】。

3. 2が沸騰してきたら、厚揚げや豆腐を加えてグツグツ煮る。Aを加えて味をととのえる（入れる野菜によって甘みが出るので、お好みで加減する）。

4. 具材に味がしみたら器に盛り、小ねぎの小口切りをのせる。

コツ1

にんにくを加えるとコクが出て、味わいがアップ。

レシピ作者 いなえもん

1人当たり **109kcal**

スタッフメモ　コク旨でスタミナがつきそう。にんにくがいい仕事をしています。

粕汁
[こっくり粕汁！基本編]

レシピID 322339

つくれぽ
子供の頃苦手だった粕汁こんな美味しかったなんて！嬉しい発見です♪

材料 [4人分]

酒粕 … 150〜200g
大根 … 1/2本
にんじん … 1本
こんにゃく … 1枚
油揚げ … 1/2枚
だし汁 … 約8カップ
薄口しょうゆ … 大さじ1〜
塩 … 少々
みそ … 大さじ1〜
小ねぎ … たっぷり
こしょう（お好みで）… 適量

作り方

1. 大根とにんじんは皮をむき、こんにゃくと大きさをそろえて拍子木切りにする。油揚げも同様の大きさに切る。
2. 鍋にだし汁と酒適量（分量外）を入れて火にかけ、大根、にんじん、油揚げを加えてしばらく煮る。
3. 2にこんにゃくを加え、薄口しょうゆ、塩を加え、みそ（隠し味）は味を見ながら加える。薄めに味がついたら、**酒粕を溶かしながら入れる【コツ1】**。
4. 塩、薄口しょうゆで味をととのえて器に盛る。小ねぎの小口切りをたっぷりとのせ、お好みでこしょうをふる。

コツ1 酒粕は別の容器に入れ、熱いだし汁につけておくと溶けやすい。

レシピ作者
大阪食堂

1人当たり
152kcal

スタッフメモ　酒粕のほんのりとした甘みがおいしい。鮭や豚肉を入れて試してみたいです。

しょうがと昆布のスープ

とろろ昆布と生姜のスープ

レシピID 1366409

レシピ作者: ruruchirin

1人当たり **47kcal**

つくれぽ
とろろ昆布の存在感があって、生姜の風味も効いてる！美味し〜♪

材料 [3人分]
- とろろ昆布 … お好みの量（今回は20g使用）
- しょうが … 1かけ
- 水 … 4カップ
- 顆粒和風だし … 小さじ1
- A
  - 酒 … 大さじ2
  - しょうゆ … 大さじ2
  - みりん … 大さじ1
  - 昆布だし（粉末・あれば）… 適量
- 塩 … 少々
- 小ねぎ … 適量

作り方
1. しょうがは皮をむき、薄切りにする。
2. 鍋に水、顆粒和風だし、1を入れて火にかけ、沸騰してきたらAを加え、**塩で味をととのえる**。
3. 器にとろろ昆布を入れて2を注ぐ。小ねぎの小口切りを散らす。

> とろろ昆布から塩味が出るので、薄めに調味するとよい。

スタッフメモ　パパッと作れるうえ、しょうが効果で冷え性対策にもぴったり。

洋風素材の和風スープ

[ほっとおいしい☆セロリとベーコンのスープ]

レシピID 798411

つくれぽ
セロリのシャキシャキが美味しかったです。また作ります♪

材料［4人分］
- セロリ … 1本
- 玉ねぎ … 1/2個
- ベーコン … 2〜3枚
- にんじん（お好みで）… 約5cm
- 固形コンソメスープの素 … 1個
- しょうゆ … 大さじ1
- 三つ葉（お好みで）… 1把
- 粗びき黒こしょう（お好みで）… 少々

作り方
1. 玉ねぎは薄切りにし、ベーコンは食べやすい大きさに切る。にんじんは皮をむいてせん切りにする。
2. 熱した鍋にベーコンを入れて中火で炒める。ベーコンから脂が出たら、玉ねぎを加えてしんなりするまで炒め、にんじんも加えて軽く炒める。
3. 2に水約4カップ（分量外）を加え、コンソメを入れ、ふたをして煮る。この間にセロリは筋を取り、5mmほどの厚さに切る。三つ葉も根元を切り落とし、食べやすい長さに切る。
4. 沸騰したらアクを取り、**セロリを加えてひと煮立ちさせ**、再び沸騰したらしょうゆを加えて火を止める。器に盛って、お好みで三つ葉をのせ、粗びき黒こしょうをふる。

セロリの味を楽しむため、煮すぎないようにして。

レシピ作者　チャーミル

1人当たり **57kcal**

スタッフメモ　香味野菜の良さを存分にいかしたおいしいスープでした。

豆腐ときゅうりの冷や汁

[簡単！豆腐のごま冷や汁] レシピID 390449

つくれぽ
冷たくて、生姜がいいアクセントですね♪
美味♪レシピに感謝です！

材料 [2人分]

A
- 豆腐 … 1/3丁（100g）
- すりごま（白）… 大さじ1
- みそ … 大さじ1〜1½
- 顆粒和風だし … 小さじ1
- 水 … 1½カップ

きゅうり … 適量（今回は1本使用）
みょうが … 1個
青じそ … 3枚
しょうが … 1/2かけ

> 隠し味に砂糖（分量外）を少し加えると甘みが出ておいしい。

作り方

1. ボウルにAを入れ、泡立て器でよく混ぜ、冷蔵庫で冷やす。
2. きゅうりは薄い輪切り、みょうがと青じそは細切り、しょうがはすりおろす。
3. 冷やしておいた1に2を加え、器に盛る（早く食べたい場合はAの水を少なめにし、氷を足しながら混ぜる）。

レシピ作者
とむまろ

1人当たり
90kcal

スタッフメモ 泡立て器で混ぜるだけの簡単冷や汁。火を使わないレシピはラクチンです。

サバ缶冷や汁

[夏にピッタリ♪サバ缶でお手軽冷や汁☆] レシピID 1520786

材料［4〜5人分］

- さば缶（味つき）… 1缶（200g）
- A
  - しょうが（チューブ）… 5cm
  - みそ … 大さじ2
  - すりごま（白）… 大さじ2
  - 白だし … 大さじ2
- 冷水 … 3カップ
- 絹ごし豆腐 … 1パック
- きゅうり、青じそ、みょうが（お好みで）… 各適量

作り方

1. きゅうりは薄い輪切りにして、塩もみ（塩は分量外）をして水けを絞る。青じそはせん切り、みょうがは斜め切りにする。
2. ボウルにさば缶とAを入れ、さばをほぐしながら混ぜ合わせる。
3. 2に冷水を注ぎ入れ、みそを溶かすように混ぜる。食べやすい大きさに切った豆腐を加える。
4. **器に3を盛り、お好みで1をのせる。**

白いご飯にかけて食べるのもおすすめ。

つくれぽ

暑い日にサラサラ食べれて♡簡単で夜食にぴったりでした！

レシピ作者
erinco☆

1人当たり
171kcal

スタッフメモ　さば缶を使う発想がおもしろい！コク旨だけど、後味はさっぱりでペロリと完食でした。

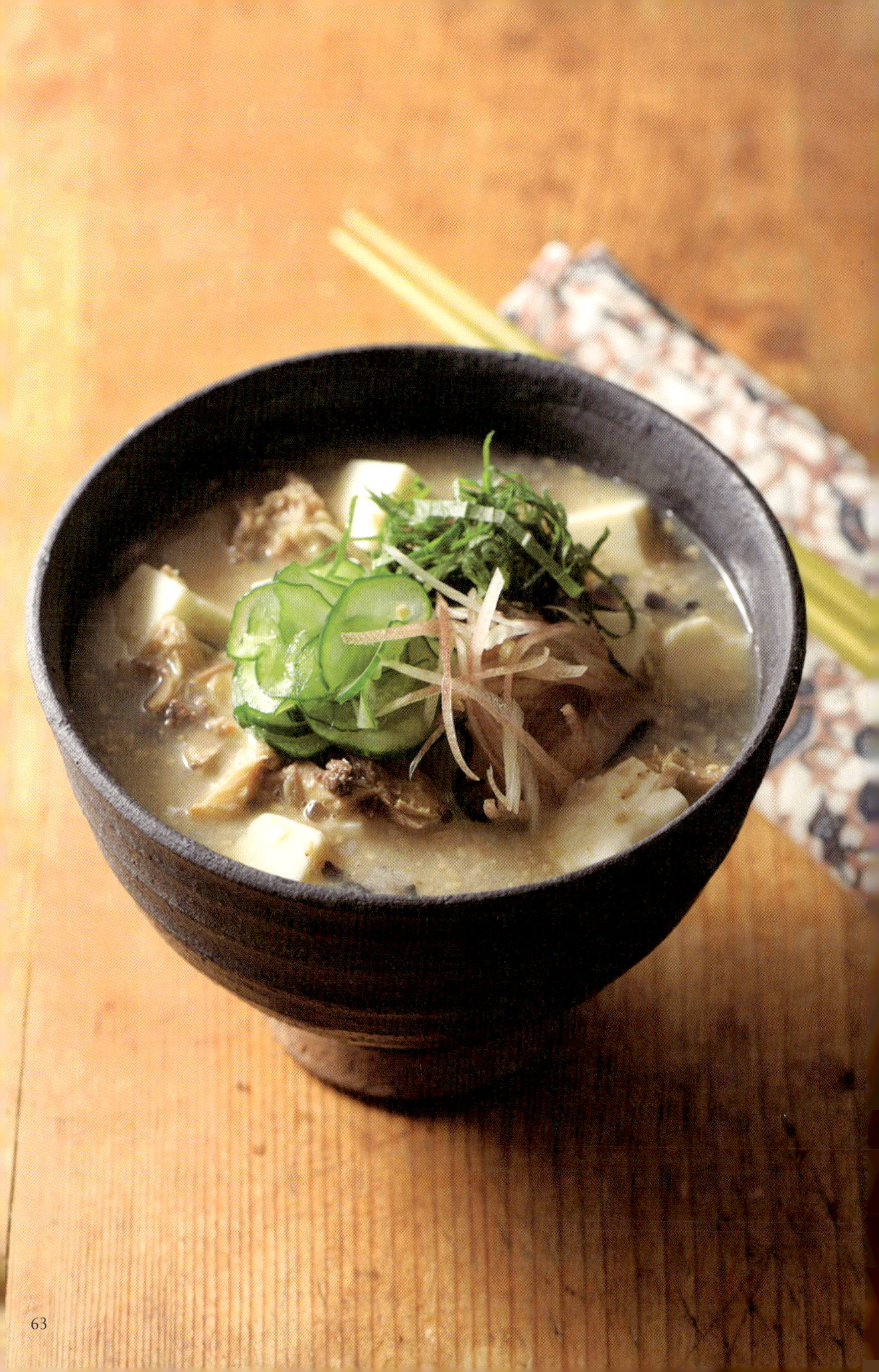

中華・エスニックスープ

定番の「中華卵スープ」や「肉団子スープ」、世界3大スープのひとつ、「トムヤムクン」など、バラエティに富んだレシピを厳選しました。

春雨とにら玉スープ

[春雨＆にらたまのつるるんスープ] レシピID 3354135

材料［4人分］
- 春雨（乾燥）… 20〜30g
- にら … 1/2束
- 長ねぎ … 1/2本
- ハム … 2枚
- 卵 … 1個
- 鶏ガラスープまたは中華スープ … 4カップ
- A ┃ 塩、こしょう … 各少々
  ┃ しょうゆ … 大さじ1
  ┃ ごま油（またはラー油）… 大さじ1

具材は水菜、もやし、ほうれん草、しいたけ、えのき、ベーコン、ひき肉などもおすすめ。

作り方
1. 鍋にスープを沸かし、春雨をそのまま入れる。
2. にらは5cm長さに切り、長ねぎは斜め薄切り、ハムは細切りにする。
3. 1の春雨がやわらかくなったら、2を入れてAで味をととのえる。沸騰する直前に卵を溶き入れ、少ししたら混ぜて火を止める。お好みで水溶き片栗粉（分量外）でとろみをつけてもおいしい。

レシピ作者 キャラメリーナ

1人当たり **94kcal**

スタッフメモ　具材がたくさん入って腹持ちがよく、おまけにヘルシー！

> **つくれぽ**
> つるんと美味しい♪どんな野菜でも合いそうですね☆ごちそうさま♪

わかめとまいたけのスープ

[わかめと舞茸の中華スープ。]
レシピID 279315

つくれぽ
体に良さそうなスープ生姜入りでホカホカに！美味しかったです♪

材料［3〜4人分］
わかめ（乾燥）… 5g
まいたけ … 約100g
しょうが … 1かけ
ごま油 … 小さじ1＋小さじ1

A｜水 … 1ℓ
　｜鶏ガラスープの素 … 大さじ2
　｜オイスターソース … 小さじ2

作り方
1. まいたけは石づきを切り落とし、適当な大きさに裂いてほぐす。しょうがはせん切りにする。
2. 鍋にごま油小さじ1を熱し、しょうがを入れて炒める。しょうがの香りが出たら、まいたけを加えてざっくりと炒める。
3. 2にA、わかめを入れて軽くかき混ぜ、沸騰したら中火で2分ほど煮て火を止める。**仕上げにごま油小さじ1**を入れて混ぜ合わせる。

　　ごま油の代わりにラー油を数滴たらしても。

レシピ作者　ラビー

1人当たり **28kcal**

スタッフメモ　まいたけからいいおだしが出ていました。仕上げのごま油もいいですね。

白菜と卵のスープ
[とろとろ白菜と卵の中華スープ]
レシピID 483691

つくれぽ
優しい味の白菜トロトロで美味しいです。白米に合いますね♪

コツ1 白菜をしっかり炒めるとおいしさがアップ。

材料 [4人分]
- 白菜 … 3枚
- 卵 … 1個
- ごま油 … 大さじ1
- しょうが（すりおろし）… 小さじ1/2分
- A
  - 鶏ガラスープの素 … 小さじ1
  - 酒 … 大さじ1
  - しょうゆ … 小さじ1
- 片栗粉 … 大さじ1
- 白こしょう … 少々

作り方
1. 白菜は繊維を断ち切るように、芯は5mm、葉は1cm幅に切る。
2. 小鍋にごま油としょうがを入れて熱し、香りが出たら1の芯を入れ、中火で炒める。しんなりしてきたら、葉を加えて全体に油が回るようにザクザク炒める【コツ1】。
3. 2に水2½カップ（分量外）とAを加え、芯が透明になるまで弱火で15〜20分煮る。白菜がやわらかくなったら、片栗粉を水大さじ1（分量外）で溶いてから加えてとろみをつける。
4. 強火にしてグツグツ煮立ったら、スープをぐるぐるかき混ぜながら、溶き卵を回し入れる。仕上げにこしょうを加えて火を止める。

レシピ作者　海砂

1人当たり **64kcal**

スタッフメモ　白菜をよく炒めることで、甘みがグッと引き出されて激うまでした！

中華卵スープ

[中華たまごスープ] レシピID 1221169

材料 [4人分]

卵 … 1個

A｜水 … 1ℓ
　｜鶏ガラスープの素 … 小さじ5～6
　｜しょうゆ … 小さじ1
　｜塩、こしょう … 各少々

水溶き片栗粉
　｜片栗粉 … 大さじ1½～2
　｜水 … 大さじ1½～2

作り方

1. 鍋にAを入れて火にかけ、沸騰したら、水溶き片栗粉を回し入れてとろみをつける。
2. 小さめの容器に卵を割り入れて、箸で溶く。
3. **1が再び沸騰したら、鍋の中を箸でぐるぐるかき混ぜながら、もう一方の手で2の容器を持ち、溶き卵を少しずつ鍋に入れる【コツ1】。**
4. 溶き卵を全部入れてからも10回ほど箸でかき混ぜ、すぐに火を止める。

コツ1

溶き卵は水溶き片栗粉でとろみをつけてから加えるとふわふわの卵に。

レシピ作者
ほっこり～の

1人当たり
32kcal

スタッフメモ　具材が卵だけでも本格的な中華スープになっていました。定番にしたいです。

> **つくれぽ**
> いつもスープを残す娘が美味しくておかわりしました。またリピします

中華風コーンスープ

［簡単なのにお店とおんなじo(*^▽^*)o~♪中華風コーンスープ］
レシピID 220077

材料［2人分］

コーン缶（クリーム）… 150g
卵 … 1個
水 … 2½カップ
顆粒中華スープの素 … 小さじ2
酒 … 大さじ1
塩、こしょう … 各適量
水溶き片栗粉
　│片栗粉 … 大さじ1
　│水 … 大さじ2
ごま油 … 大さじ1

作り方

1. 卵は溶きほぐす。
2. 鍋にコーン缶を入れ、水を少しずつ加えて溶きのばし、中華スープの素を加えて中火にかける。
3. 煮立ったら、酒、塩、こしょうで味をととのえ、よくかき混ぜた水溶き片栗粉を加えてとろみをつける。
4. さらに煮立ったら、溶き卵を箸に伝わらせながら細く加えていき、**卵が浮いてきたら、ごま油を加えてさっと混ぜ、火を止める【コツ1】**。

コツ①

ごま油は火を止める前に加えて。こうすると風味だけが残り、油っぽくならない。

レシピ作者
yaichin

1人当たり
177kcal

つくれぽ

「そうそうこの味!」と思いながら食べました☆美味しかった〜♪

スタッフメモ　コーンの優しい甘みとトロトロ感が絶妙でした。

きのこのスープ
[＊ヘルシー＊きのこの生姜スープ]
レシピID 1935570

つくれぽ
週イチで食卓に登場する勢いです！オイスターソースとお酢が絶妙☆

材料［3～4人分］
- **しめじ … 1パック**
- **えのきだけ … 大1パック**
- しょうが … 1かけ～
- ごま油 … 大さじ1/2
- A ｜ 水 … 4カップ
  ｜ 鶏ガラスープの素 … 小さじ2
  ｜ オイスターソース … 小さじ2～3
  ｜ 塩、こしょう … 各適量
  ｜ 酢（なくてもOK）… 小さじ2

※ほかのきのこを入れてもOK！

作り方
1. きのこ類は石づきを切り落としてほぐす。**しょうがはせん切りにする。**
2. 鍋にごま油を熱して1のしょうがを炒め、きのこ類も加えて炒める。
3. 2にAを加えて煮て、きのこに火が通ったらオイスターソースを加える。味を見て、塩、こしょうで味をととのえ、仕上げにお好みで酢を加えて火を止める。
4. 器に3を盛り、お好みで小ねぎの小口切り適量（分量外）をのせる。

※お子さんが苦手な場合、しょうがはすりおろして、後から大人用だけに加えても。

レシピ作者：komomoもも

1人当たり **62kcal**

スタッフメモ 低カロリーなうえ、食べごたえもあるスープでした。

白菜スープ

[メインになる♡ 美味♥ 白菜とろとろスープ♡]

レシピID 4597746

つくれぽ
お酢とからしが不思議な美味しさをかもし出し、食欲もUpでした！

材料 [4人分]

- 白菜 … 1/4株
- にんじん … 50g
- 豚バラ薄切り肉 … 120g
- 春雨 … 50g
- A
  - 水 … 6カップ
  - 固形コンソメスープの素 … 2個
  - 酒 … 大さじ3
  - 自然塩 … 小さじ1
- B
  - しょうゆ … 大さじ3
  - 黒酢（穀物酢でもよい） … 大さじ1½
  - 練り辛子 … 小さじ2
- いりごま（白） … 大さじ2

作り方

1. 白菜を1cm幅に切り、にんじんは皮をむいていちょう切りにする。豚肉は食べやすい大きさに切る。春雨は熱湯に3分つけてもどし、食べやすい大きさに切る。
2. 大きめの鍋に白菜を入れ、上ににんじんと豚肉をのせる。Aを入れ、ふたをして弱めの中火で30分以上煮る。途中、15分くらいで春雨を加える。
3. Bの材料はよく混ぜ合わせて2に加え、ふたをしてさらに弱火で10～20分煮込んで火を止める。
4. **いりごまはペーパータオルの上にのせて、包丁で細かく切る【コツ1】**。器に3を盛り、いりごまをふる。

コツ①
いりごまは包丁で切るだけで、風味がグンとアップ。

レシピ作者　キョク

1人当たり **221kcal**

スタッフメモ　酢がきいていて最後までさっぱり。ボリュームもあり、おなかも満たされました。

鶏団子スープ
[生姜たっぷり鶏団子スープ♡]

レシピID 13711204

つくれぽ
風邪をひいている同僚に。おいしいととても喜んでもらえました！

材料 [作りやすい分量]
- 白菜 … 3枚くらい
- にんじん … 1/2本くらい
- しめじ（または好きなきのこ）… 1パック
- A
  - 鶏ひき肉 … 約300g
    ※今回は鶏むねのひき肉を使用
  - 長ねぎ（みじん切り）… 1/2本
  - しょうが（すりおろし）… 1かけ
  - しょうゆ、酒、ごま油、いりごま（白）… 各大さじ1
  - 片栗粉 … 大さじ2
- B
  - 鶏ガラスープの素 … 大さじ1
  - 水 … 3カップ
- しょうゆ … 大さじ1

作り方
1. しめじは石づきを切り落とし、白菜、皮をむいたにんじんとともに食べやすい大きさに切る。
2. ボウルにAを入れて手で混ぜておく。やわらかいようなら、様子を見て片栗粉適量（分量外）を足す。
3. 鍋に1とBを入れて火にかけ、沸騰したらしょうゆを加えて**2をスプーンで落とし入れる**。鶏団子に火が通ったら、火を止める。
4. 器に3を盛り、お好みで小ねぎの小口切り適量（分量外）をふる。

鶏団子はやわらかいのであまりいじらないこと。

レシピ作者 ぱりぱりいちご

全量で 825kcal

スタッフメモ　手軽に作れる鶏団子がふわふわ！体もポカポカになりました。

もやしの中華スープ

[簡単♪もやしの中華スープ] レシピID 24030018

> **つくれぽ**
> 半端に残ったもやしに困ってました（笑）また作ります(*^_^*)

材料 [2人分]

- もやし … ひとつかみくらい（約100g）
- 水 … 2½カップくらい
- A
  - 鶏ガラスープの素 … 小さじ2
  - しょうゆ … 小さじ1/2
  - 塩、こしょう … 各適量
- 卵 … 1個
- 片栗粉 … 大さじ1

作り方

1. 小鍋に水を入れて沸かし、水洗いしたもやしを入れてゆでる。
2. 1にAを入れて味をととのえ、溶き卵、水適量（分量外）で溶いた片栗粉を混ぜながら加えて火を止める。
3. 器に2を盛り、お好みで小ねぎの小口切り適量（分量外）をのせる。

レシピ作者 JACK0904

1人当たり 57kcal

スタッフメモ あと一品足りないときにすぐできて、家計にもやさしいスープです。

つくれぽ

ふんわりしていて美味しかったです。
87歳のお姑さんもOK！

白菜と肉団子のスープ

[白菜と肉団子のごちそうスープ] レシピID 1022587

材料 [5人分]
白菜 … 1/4～1/3株
A ┌ 豚ひき肉 … 350g
　├ 玉ねぎ (みじん切り) … 1/2個分
　├ しょうが (すりおろし) … 大さじ1
　├ 卵 … 1個
　├ 塩 … 小さじ1/2
　├ しょうゆ … 小さじ2
　├ 砂糖、ごま油 … 各小さじ1
　└ 酒、片栗粉 … 各大さじ1
春雨 (乾燥) … 30g
パン粉 (乾燥) … 30g
水 … 70mℓ

長ねぎ (固い部分)
… 適量 (今回は1本使用)
※食べるには固い箇所や青いところの先の部分を使う。細いねぎしかない場合、結んでまとめれば代用可。

固形コンソメスープの素 … 3個
塩、こしょう … 各適量
しょうが汁 … 大さじ1～
ラー油、糸唐辛子 (お好みで)
　… 各適量

作り方

1. 白菜は食べやすい大きさに切る。
2. ボウルにパン粉と水を入れて混ぜ、5分ほどおく。
3. 鍋に水1.5ℓ (分量外) ほど湯を沸かし、長ねぎとコンソメを入れる。
4. 2にAをすべて入れて練り混ぜる (鶏むね肉など脂肪分が少ないひき肉は練っても水分を抱き込まないので、ゆるいタネになる。その場合パン粉はAをあわせた後から加えるとよい)。食べやすい大きさに丸めておくか、握った人さし指と親指の間から絞り出しながら、沸騰した3に入れていく。
5. **肉団子が浮いてきたら、いったん取り出す。** スープのアクを取り、1を加えてふたをして白菜がやわらかくなるまで煮る。 ※このひと手間で煮くずれすることなく煮すぎず、ふっくら仕上がる。
6. 鍋に5の肉団子を戻し入れ、長ねぎを取り除く。ひたひたより多めの水 (分量外) を加え、塩、こしょうで味をととのえる。 ※固くて切りにくい場合は、スープに一度浸してから切ると簡単!
7. **春雨をキッチンバサミで切りながら直接鍋に入れる。** 春雨がやわらかくなったら、しょうが汁を加えて火を止める。
8. 器に7を盛り、お好みでラー油をたらしたり、糸唐辛子を添えたりする。

レシピ作者　おかあちゃん。

1人当たり **252kcal**

スタッフメモ　コンソメと長ねぎでスープをとるのがいいですね。ごちそう感たっぷりでした。

冬瓜と卵のスープ

レシピID 1942161

つくれぽ
冬瓜は煮物しか思いつかなかったけど、スープもvery good!

材料 [3杯分]
- 冬瓜 … 1/8個
- 卵 … 1個
- A｜水 … 3カップ
  ｜鶏ガラスープの素 … 小さじ2
- しょうゆ … 小さじ1/2

作り方
1. 冬瓜は種とわたを取り除いて半分に切り、皮をむく。1つはすりおろし、もう1つはさいの目切りにする。
2. 鍋にAとさいの目に切った冬瓜を入れて火にかける。冬瓜がやわらかくなったら、すりおろした冬瓜も加えて煮る。
3. **仕上げにしょうゆを加え**、溶き卵を回し入れて火を止める。

> ラー油や黒こしょうを入れると大人の味に。

レシピ作者 YUKIKI♡

1人当たり **31kcal**

スタッフメモ 冬瓜をすりおろすことで、異なる食感が楽しめておいしかったです。

> **つくれぽ**
> 現在ダイエット中☆
> ヘルシーで美味しく
> て良いですね(^o^)

ひじきと豆腐のスープ
[ひじきの中華スープ] レシピID 1676600

材料 [4人分]
- ひじき (乾燥) … 大さじ山盛り2 (10g)
- 豆腐 … 約100g
- わかめ (乾燥) … 大さじ1
- ごま油 … 小さじ1
- A
  - 水 … 3カップ
  - 鶏ガラスープの素 … 大さじ1½
  - しょうゆ … 少々
- いりごま (白) … 適量
- 小ねぎ (小口切り・お好みで) … 適量

作り方
1. ひじきは水につけてしっかりともどす。豆腐は食べやすい大きさに切る。
2. 1のひじきをざるにあげ、水けを絞る。
3. 小鍋にごま油を熱し、2を炒める。全体に油が回ったら、Aを加えて煮立て、豆腐、わかめを加え温まったら火を止める。
4. 器に3を盛り、ごまとお好みで小ねぎをのせる。

しょうゆの量は味を見て調節して。

レシピ作者 ななクレープ

1人当たり **58kcal**

スタッフメモ ごま油で炒めたひじきがコク旨でした。ミネラルが豊富で健康にも◎。

酸辣湯 [酸辣湯（すっぱ辛い中華スープ）]

レシピID 117485

つくれぽ
この味イイですね❤
酸辣湯好きな旦那さんにも合格もらえました！

材料 [2〜3人分]
- たけのこ水煮（細切り）… 30g
- しいたけ … 1枚
- にんじん … 30g
- 豚バラ薄切り肉 … 50g
- 絹ごし豆腐 … 100g
- 卵 … 1個
- 水 … 3カップ
- 鶏ガラスープの素 … 大さじ1
- A
  - しょうゆ … 大さじ1
  - 塩 … 小さじ1/2
  - こしょう … 小さじ1/4
  - ラー油 … 小さじ1
- 水溶き片栗粉 … 大さじ1〜2
- 酢 … 大さじ2
- 小ねぎまたは三つ葉 … 適量

作り方
1. しいたけの石づきを取り、皮をむいたにんじん、豚肉、豆腐とともに細切りにする。たけのこは細切りタイプでない場合は細切りにする。卵は溶きほぐす。
2. 鍋に水、鶏ガラスープの素を入れて火にかけ、沸騰したらしいたけ、にんじん、豚肉、たけのこを加える。煮立って材料がやわらかくなったら、豆腐を加える。
3. 2にAを加えてひと煮立ちしたら、水溶き片栗粉を加えてとろみをつける。再び煮立ったら、火を弱めて溶き卵を流し入れ、卵がふわっと浮いてきたら火を止める。
4. 3に酢を加えて器に盛り、刻んだ小ねぎまたは三つ葉をのせる。

中華麺をゆでてこのスープをかけて「酸辣湯麺」にしても◎。

レシピ作者　お気楽主婦

1人当たり **153kcal**

スタッフメモ　やみつきになるほどのすっぱさと辛み！お肉も入っていてボリュームもありました。

ワンタンスープ

[餃子の皮で♡なんちゃってワンタンスープ]

レシピID 1761774

> **つくれぽ**
> 餃子の皮ってこう使ったらきれいに使い切れますね！

材料 [2人分]

- 餃子の皮 … 3〜5枚
- ほうれん草 … 適量（今回は2株使用）
- 卵 … 1個
- 顆粒中華スープの素 … 小さじ2〜3
- 水 … 2カップ
- 塩、こしょう … 各適量
- ごま油 … 小さじ1

※ しょうがのすりおろしや、かにかまを入れるのもおすすめ。

作り方

1. ほうれん草は根元を切り落とし、食べやすい長さに切る。卵は溶きほぐす。
2. 鍋に水、中華スープの素を入れて火にかけ、沸騰したら1のほうれん草と餃子の皮を入れ、ひと煮立ちさせる。味を見て、塩、こしょうをする。
3. 2に溶き卵を回し入れ、仕上げにごま油を加えて火を止める。

レシピ作者　さったんママ

1人当たり **83kcal**

スタッフメモ　餃子の皮をワンタンに見立てるアイデアはすごい！ツルンとしておいしかったです。

> **つくれぽ**
>
> すぐ出来て助かる〜♪今回も冷凍餃子で作ったよ♡御馳走様♡

スープ餃子

[体ポカポカ（●＾o＾●）スープ水餃子］
レシピID 1083823

レシピ作者
TWOHEARTS

1人当たり
303kcal

材料 [4人分]

水餃子（冷凍でも可）
　または餃子 … 約20個（約500g）
にんじん … 1本
キャベツ … 1/4個　→ 野菜は冷蔵庫にあるものでOK！
玉ねぎ … 1個
水 … 4 1/2カップ
鶏ガラスープの素 … 大さじ1
オイスターソース … 大さじ2
A｜しょうが（チューブ・
　　すりおろしでも可）… 小さじ1/2
　　塩、こしょう … 各少々
　　酢 … 小さじ2
　　ごま油 … 小さじ1

作り方

1. にんじんは皮をむいて短冊切り、キャベツは大きめのざく切り、玉ねぎはくし形切りにする。
2. 大きめの鍋に1と水を入れて火にかけ、沸騰したら鶏ガラスープの素を加えてふたをする。
3. 野菜がやわらかくなったら、オイスターソースと**水餃子（冷凍水餃子は凍ったままで）を入れ**、ふたをして弱火で5分煮る。
4. Aで調味して火を止める。器に盛り、お好みで小ねぎの小口切り適量（分量外）をのせる。

→ 普通の餃子は煮くずれしやすいので、手順4で加えて3分ほど煮るとよい。

スタッフメモ　餃子の旨みがスープに溶け出していて深みのある味わいでした！

サムゲタン

[鶏手羽元で簡単♪参鶏湯風スープPart2] レシピID 1655644

材料 [1〜1.5人分]
- 鶏手羽元 … 300g
- ごぼう … 50g　→ **大根や里いもを入れてもおいしい！**
- かぶ … 中1個
- A
  - 長ねぎ（ぶつ切り）… 1本
  - にんにく（薄切り）… 2かけ
  - しょうが（薄切り）… 1かけ
  - 米のとぎ汁 … 5〜6カップ
  - 酒 … 大さじ3
- 鶏ガラスープの素 … 2.5g
- 塩、こしょう … 各適量
- ごま油 … 小さじ1
- 長ねぎ（みじん切り）… 適量

作り方
1. 鶏手羽元は流水で洗って水けをきり、食べやすいように骨に沿って包丁で切り込みを入れる。
2. ごぼうは洗って太めの斜め切りにし、水にさらす。かぶは皮をむいて4つ割りにする。
3. 鍋に1とAを入れて、強火にかける。煮立ったら、アクを取って2、鶏ガラスープの素を加える。**再び煮立ったら、ていねいにアクを取る**。 → アクをていねいに取るとおいしさがアップ。
4. 弱火にして20〜30分ほど煮て、塩、こしょうで味をととのえ、仕上げにごま油を加えて火を止める。
5. 器に4を盛り、長ねぎをのせる。

つくれぽ
風邪の旦那さま用。おいしく温まって体調よくなったみたいです＾＾

レシピ作者 piloaloha♡

1人当たり 273kcal

スタッフメモ　まろやかなスープにうっとり！鶏手羽元もやわらかくてホロホロでした。

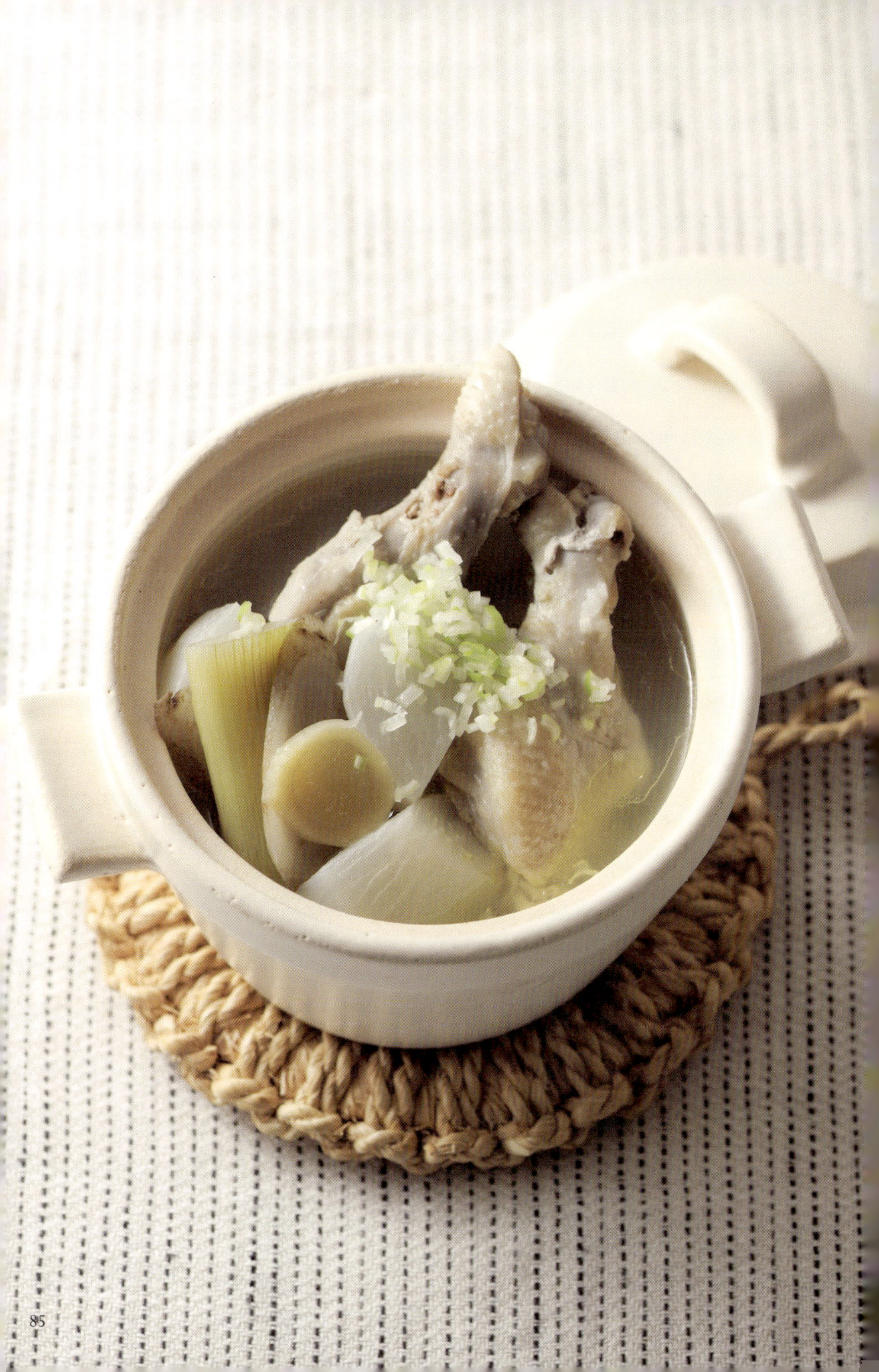

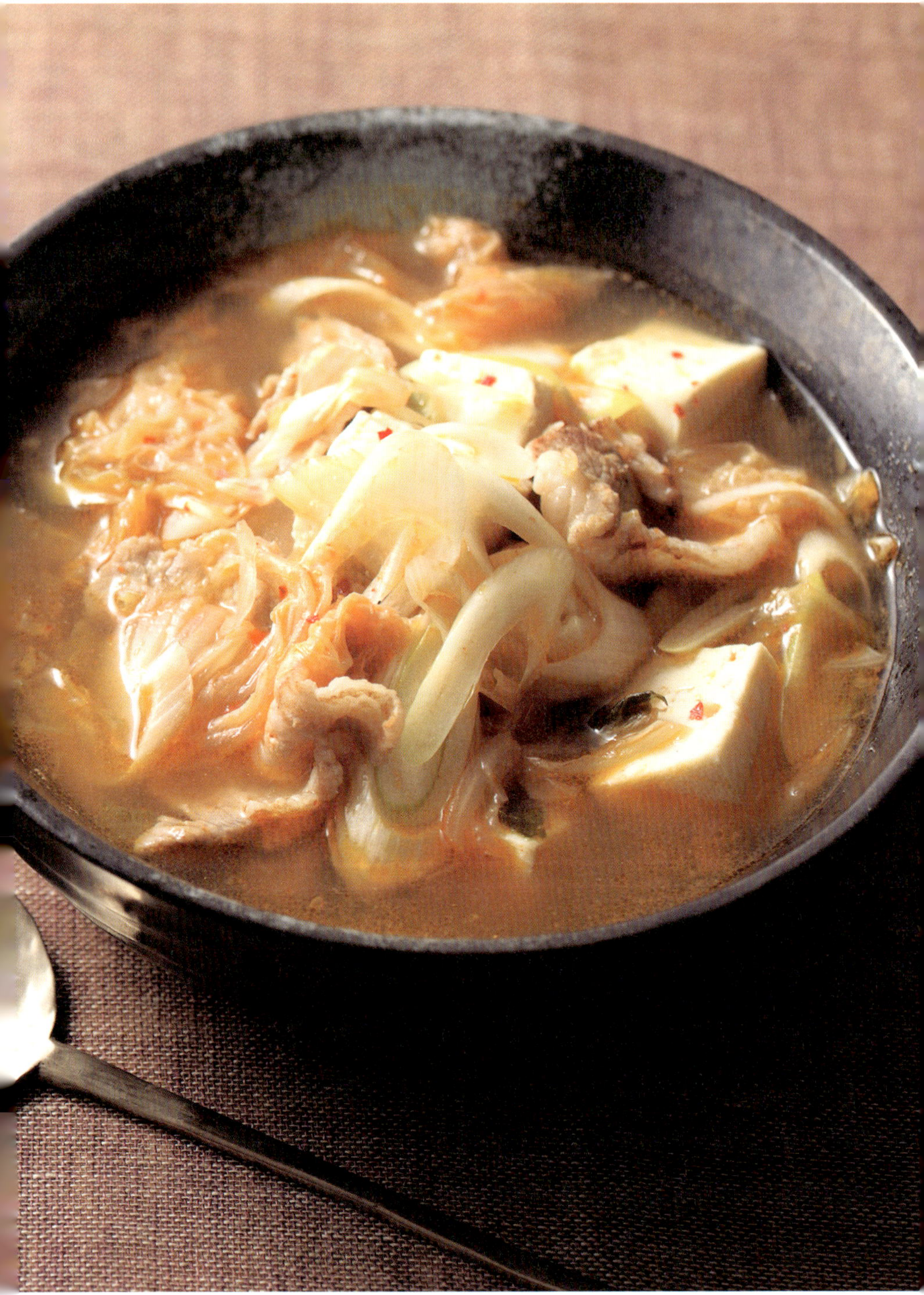

キムチスープ

[豆腐と豚肉のキムチスープ] レシピID 7377738

材料 [3〜4人分]
- 豚薄切り肉（豚バラ肉可）… 100g
- 豆腐 … 1/2丁
- **白菜キムチ … 120g**
- 長ねぎ … 1本
- ごま油 … 小さじ1
- 水 … 3 1/2カップ
- 鶏ガラスープの素 … 小さじ2
- しょうゆ … 小さじ1

> キムチによって塩分と旨みも違うので、味を見て調整を。

作り方

1. 豚肉に酒大さじ1（分量外）をふって10分ほどおく。豆腐はひと口大に、長ねぎは斜め薄切りにする。キムチは大きければ、ざく切りにする。
2. 鍋にごま油を入れて熱し、豚肉を炒める。肉の色が変わったら、キムチを加えて1分ほど炒めて水を加える。
3. 沸騰したらアクを取り、鶏ガラスープの素、しょうゆを加え、豆腐と長ねぎを入れる。
4. 再び沸騰したら、火を少し弱めて3分ほど煮る。味を見て、塩けが足りないようなら、塩（分量外）で味をととのえる。仕上げにお好みでごま油（分量外）をたらして火を止める。

つくれぽ
余ったキムチたっぷりで辛ウマ★体がポカポカになりましたー！

レシピ作者 cureo

1人当たり **125kcal**

スタッフメモ　キムチ好きにはたまらないスープ。おかわりしたくなりました。

おうちで簡単☆トムヤムクン

[レシピID 642572]

材料 [4人分]

- えび（殻つき）… 12尾（200g）
- マッシュルーム … 100g
- 香菜 … お好きなだけ（今回は20g使用）
- A
  - 水 … 4カップ
  - 鶏ガラスープの素 … 大さじ1
  - しょうが（みじん切り）… 小さじ1/2
  - 酒 … 大さじ3
  - しょうゆ … 小さじ1
  - ナンプラー … 大さじ2
  - 酢 … 大さじ1
  - レモン汁 … 大さじ2
  - 砂糖 … 小さじ2
  - 豆板醤 … 小さじ1
  - ごま油 … 小さじ1

作り方

1. えびは殻をむき、背に切り込みを入れて背わたを取る。
2. マッシュルームは石づきを取って薄切りにする。香菜は1cm幅に切る。
3. 鍋にAをすべて入れて火にかけ、煮立ったら、1と2を入れる。**えびに火が通ったら**、火を止める。

> えびはあまり煮すぎないようにして。

つくれぽ

来客でリピ♡やっぱり美味しい！大好評で大感謝です〜♬

レシピ作者
kko-h

1人当たり
62kcal

スタッフメモ　手に入りやすい材料で本場の味を再現！作り方もとっても簡単ですね。

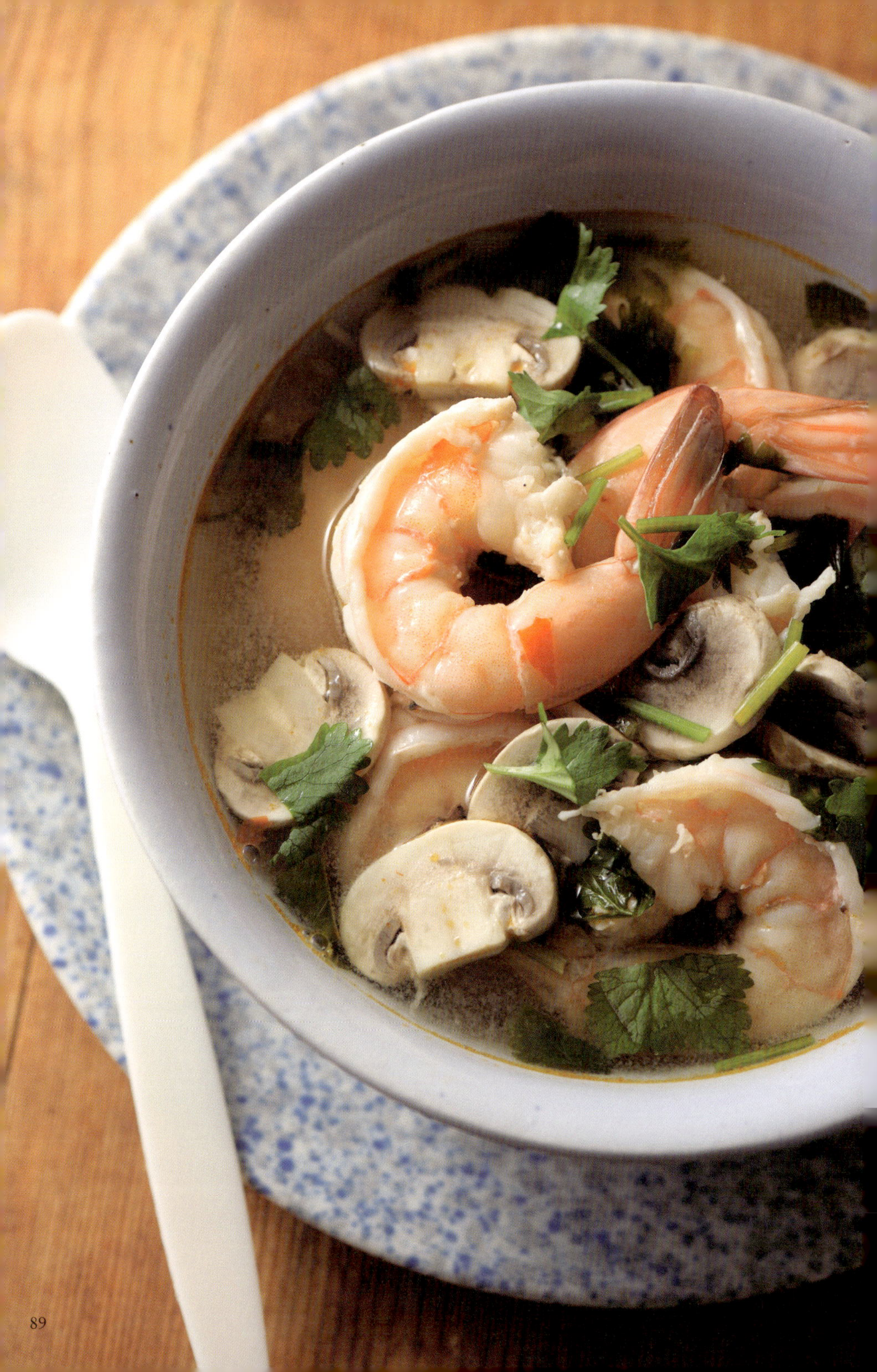

ポタージュ

ほうれん草のポタージュ

[ほうれん草のスープ（ポタージュ）] レシピID 2183187

ほうれん草、かぼちゃなどの人気ポタージュに、大根やごぼうを使った滋味あふれるポタージュまで、日替わりで作りたくなるレシピを大公開。

レシピ作者
miharun327

1人当たり
165kcal

材料 [3〜4人分]
- ほうれん草 … 1束（約300g）
- 玉ねぎ … 1/2個
- ベーコン（あれば）… 1枚
- オリーブオイル … 大さじ2
- 水 … 1カップ
- 固形コンソメスープの素 … 1個
- 牛乳または豆乳 … 2カップ
- 塩 … 小さじ1/2
- こしょう … 適量

作り方

1. ほうれん草は茎と葉に分け、5cm長さのざく切りにする。玉ねぎは3mm厚さの薄切りにする。あればベーコンを5mm幅に切る。
2. 鍋にオリーブオイルを熱し、ほうれん草の茎と玉ねぎを炒める。
3. 全体がしんなりしてきたら、残りのほうれん草とベーコンを入れて炒め合わせる。
4. 3に水、コンソメを加えて弱火で10分ほど煮る。全体に火が通ったらいったん火を止め、粗熱がとれたらミキサーにかけてなめらかにする。
5. **鍋に4を戻し入れ、牛乳を加えて塩、こしょうで味をととのえる。**

豆乳を使う場合、煮立たせるとダマになるので注意して。コク出しに粉チーズを加えても。

スタッフメモ まったりとした口当たりで、ほうれん草が苦手な方でもおいしくいただけます。

> **つくれぽ**
> ポタージュにハマってます♡ほうれん草は初めて♡美味しかったぁ ^^

かぼちゃのポタージュ

[ミキサー不要☆簡単！牛乳でかぼちゃスープ] レシピID 2085196

材料［4人分］

- かぼちゃ … 1/4個
- 小麦粉 … 小さじ2
- 牛乳 … 2カップ
- A
  - バター … 10g
  - 固形コンソメスープの素 … 1/2〜1個
  - 塩、こしょう … 各適量

作り方

1. かぼちゃは種とわたを取り除き、皮を切り落とす。
2. 耐熱容器に1を移して水適量（分量外）をふり、ラップをふんわりとかけ、**600Wの電子レンジでやわらかくなるまで4〜5分加熱する（加熱後の器は熱いので火傷しないように注意）【コツ1】**。
3. かぼちゃを触るとすぐつぶれるくらいのやわらかさになったら、鍋に移して泡立て器でつぶす。
4. かぼちゃがなめらかになったら小麦粉を入れ、粉っぽさがなくなるまで混ぜる。
5. 4に牛乳1/2カップを入れて泡立て器で混ぜ、全体になじんだら残りの牛乳を加えて混ぜる。
6. **5を弱火〜中火にかけ、沸騰させないように温める。Aを加えて混ぜ、火を止める。**
7. 器に6を盛り、お好みでパセリのみじん切り少々（分量外）をふる。

鍋底が焦げやすいので火加減に注意して。

コツ 1

かぼちゃに爪楊枝を刺して、固ければ追加で加熱するとよい。

レシピ作者
陽だまり日記

1人当たり
139kcal

つくれぽ
生クリーム不使用と思えないぐらいのコク！おいしい♡

スタッフメモ　ミキサーがなくても泡立て器でかぼちゃをつぶして作れるからラクチン！

ポテトポタージュ

[母直伝！簡単・じゃが芋スープ]

レシピID 1348612

つくれぽ
うん、潰したジャガイモの残りがいい食感♪美味しくいただきました♪

材料［2人分］
- じゃがいも … 大1個
- 玉ねぎ … 中1/2個
- 水 … ひたひたの量
- 牛乳 … 2カップ
- 顆粒コンソメスープの素 … 小さじ1〜1½
- バター … 5g
- 塩、こしょう … 各少々
- パセリ（みじん切り）… 適量

作り方
1. じゃがいもは皮をむいて半分に切り、さらにそれぞれ6等分に切る。すぐに水適量（分量外）にさらす。玉ねぎは薄切りにする。
2. 鍋に水けをきったじゃがいも、玉ねぎ、ひたひたの量の水を入れ、ふたをして強火にかける。
3. 沸騰したら中火にし、じゃがいもがやわらかくなるまで煮る。いったん火を止めてふたを取り、じゃがいもをへらなどで粗くつぶす。
4. 3に牛乳を注ぎ入れて弱火〜中火にかけ、温まったらコンソメとバターを加えて溶かし、塩、こしょうで味をととのえる。器に盛り、パセリをふる。

じゃがいもは形を少し残すようにしてつぶすと食感が味わえるのでおすすめ。

レシピ作者 ワイワイコンビ

1人当たり **249kcal**

スタッフメモ　あっさりとしながらもじゃがいもの食感が楽しめるポタージュでした。

ごぼうのポタージュ

[ごぼうのポタージュ☆]
レシピID 172821

つくれぽ
ごぼうの新しい食べ方発見♪めっちゃ美味しい!!!感謝です!

材料 [4人分]
- ごぼう … 1本
- 玉ねぎ … 1/2個
- バター … 大さじ3
- 小麦粉 … 大さじ3
- A │ 水 … 2カップ
-   │ 固形コンソメスープの素 … 1個
- 牛乳 … 1カップ
- 塩 … 少々

作り方
1. ごぼうはよく洗って斜め薄切りにし、水にさらしてアク抜きをする。玉ねぎは薄切りにする。
2. 鍋にバターを熱し、水けをきったごぼう、玉ねぎを入れて炒める。全体がしんなりしてきたら、小麦粉をふり入れ、弱めの中火で完全に粉っぽさがなくなるまでよく炒める。
3. 2にAを加え、煮立ってから3分ほど煮込んで火を止め、そのまま冷ます。
4. ほんのり温かい程度まで冷めたら、**ミキサーに入れて1分〜1分30秒ほどかけてなめらかにする**。鍋に戻し入れ、牛乳を加えて温め、味を見て足りなければ塩を加えて火を止める。器に盛り、お好みでカリカリベーコン適量(分量外)をのせる。

ミキサーによくかけるとよりなめらかな口当たりに。

レシピ作者 まほじょ

1人当たり **153kcal**

スタッフメモ　ごぼうの風味がよく、スタッフが絶賛!あっという間になくなりました。

ブロッコリーのポタージュ

[温まるよ～＊ブロッコリーの茎のポタージュ] レシピID 1315112

材料 [約4人分]

- ブロッコリーの茎 … 1株～（約300g）
- 玉ねぎ … 1/2個（約150g）
- じゃがいも … 小1個（約120g）
- バター … 大さじ1
- 水 … 1¼カップ
- 固形コンソメスープの素 … 1個
- 牛乳 … 1½カップ
- 塩、こしょう … 各少々
- パセリ（乾燥）または
  クルトン（あれば）… 適量

作り方

1. 玉ねぎは薄切りにする。じゃがいもは皮をむき、半分に切ってから3〜5mm厚さに切る。
2. **ブロッコリーの茎は太い部分の皮をそぎ取り、残りを薄切りにする【コツ1】。**
3. フライパンにバターを入れて中火で溶かし、1を焦がさないように炒める。
4. 3に2を加え、さっと炒め合わせる。水、コンソメを入れ、沸騰したらふたをして10分ほど煮る。
5. じゃがいもがやわらかくなったら、火を止めてしばらく冷ます。粗熱がとれたら汁ごとミキサーにかけ、なめらかになるまで混ぜる。
6. 鍋に5を戻し入れ、牛乳を加えて温め、塩、こしょうで味をととのえる。器に盛り、あればパセリまたはクルトンをのせる。

コツ ①

ブロッコリーの筋は残っていると食感が悪くなるので、皮を厚めにむいてから薄く切るとよい。

レシピ作者　JUNちゃん

1人当たり 139kcal

> **つくれぽ**
> とっても優しい色＆味に癒されます〜♥今度から軸が太いブロを選ぼう

スタッフメモ 捨ててしまいがちな茎だけでも十分おいしいポタージュでした。

玉ねぎとにんじんのポタージュ

[新玉ねぎと人参のスープ（ポタージュ）]

レシピID 2226650

つくれぽ
味見した瞬間ひとり『旨っ』と叫びましたw子供達も絶対喜ぶわ♡感謝

材料 [4〜6人分]
- 新玉ねぎ … 1個（約350g）
- にんじん … 中2本（約250g）
- バター … 30g
- 塩 … ひとつまみ
- 水 … 1カップ
- 固形コンソメスープの素 … 2個
- 牛乳 … 1¼カップ
- 生クリーム … 1/4カップ

作り方
1. 玉ねぎは半分に切って薄切りにする。にんじんは皮をむいて縦半分に切って薄切りにする。
2. 鍋にバターを中火で熱して1と塩を入れ、玉ねぎを焦がさないように透明になるまで炒める。
3. 2に水、コンソメを入れてふたをし、沸騰したら弱火で20〜30分ほど煮る。いったん火を止め、牛乳、生クリームを加える。
4. 3をミキサーやブレンダーにかけてなめらかにし、**煮立てない程度に再び温めて火を止める**。→ 乳製品を入れたら焦がさないように。

レシピ作者　どんぴんたん

1人当たり **143kcal**

スタッフメモ　新玉ねぎと組み合わせたことで、にんじんのおいしさが引き出されていました。

マッシュルームのポタージュ
[旦那も絶賛マッシュルームのクリームスープ]

レシピID 1322083

つくれぽ
マッシュルームのイメージが変わりました！濃厚で美味しかったです♡

材料［2人分］
- マッシュルーム … 150g
- 玉ねぎ … 中1個
- バター … 大さじ1
- 小麦粉 … 大さじ1
- 牛乳または豆乳 … 1¼カップ
- 水 … 1/4カップ
- 固形コンソメスープの素 … 1/2個
- 塩、こしょう … 各少々

作り方
1. マッシュルームは石づきを取り、玉ねぎとともにみじん切りにする。
2. 鍋にバターを溶かし、玉ねぎを入れて黄金色になるまでよく炒める。
3. 2にマッシュルームを入れてさらに炒め、全体に火が通ったら、小麦粉を加えてよくなじませる。
4. 3に牛乳、水、コンソメを加え、木べらでかき混ぜながら煮る。小麦粉が全体になじんでとろみがついたら、塩、こしょうで味をととのえて火を止める。

バターのみだと焦げやすいので、サラダ油大さじ1（分量外）を足しても。

レシピ作者　principito

1人当たり **185kcal**

スタッフメモ　味わい深いポタージュ。マッシュルームのつぶつぶ感もいいですね。

大根のポタージュ

[シンプル☆大根のポタージュ]
レシピID 1295274

つくれぽ
ほぉ〜まろやか♡新しい大根の楽しみ方発見！素敵レシピ感謝♪

材料 [2〜3人分]
- 大根 … 1/3本（約200g）
- 玉ねぎ … 1/4個
- 水 … 2カップ
- 牛乳 … 1/2カップ
- 顆粒コンソメスープの素 … 小さじ2
  （固形コンソメスープの素なら1個）
- 塩、こしょう … 各適量
- お好みでトッピング … 適量
  （小ねぎ、カリカリベーコン、粗びき黒こしょう、パセリなど）

大根の辛みが気になるようなら、玉ねぎの量を増やして。

作り方
1. 大根は皮をむき、早く火が通るように薄めのいちょう切りまたはせん切りにする。玉ねぎは粗みじん切りにする。
2. 鍋に1と水を入れて中火にかける。沸騰したら弱火にし、コンソメを入れて大根に火が通るまで煮る。いったん火を止め、粗熱がとれたらハンドミキサーなどでなめらかにする。
3. 2に牛乳を加え、沸騰しないように気をつけながら再度温め、塩、こしょうで味をととのえる。
4. 器に3を盛り、お好みで小ねぎの小口切り、カリカリベーコン（細く切ったベーコンをアルミホイルに散らして1000Wのトースターで5分ほど焼いたもの）などをのせる。

レシピ作者
berry+

1人当たり
45kcal

スタッフメモ 大根の辛みが新鮮で後を引くおいしさ。この味にはまりそうです。

グリーンピースのポタージュ

[グリーンピースと新玉ねぎのポタージュ☆]
レシピID 573860

つくれぽ
グリーンピースの新しい使い道発見！おいしくて旦那おかわり二回！

材料 [2〜3人分]
- グリーンピース（できれば生豆。なければ冷凍可）… 約150g
- 新玉ねぎ … 1個
- バター（加熱可能なマーガリンでも可）… 20g
- 砂糖 … 小さじ2
- コンソメスープ … 1カップ（顆粒コンソメスープの素 小さじ2＋水1カップ）
- 牛乳 … 1/4カップ
- 生クリーム … 少々

作り方
1. グリーンピースの生豆は熱湯を回しかけてざるにあげる。**冷凍豆の場合はさっと湯通ししてからざるにあげる。**新玉ねぎは薄切りにする。
   　→ さっとゆでることで、豆の臭みがやわらぐ。
2. フライパンにバターを中火で熱し、グリーンピースを入れて30秒ほど炒める。**新玉ねぎと砂糖を加え、**玉ねぎが透き通ってしんなりするまでさらに炒める。
   　→ 焦げつかないように注意。
3. 2にコンソメスープを注ぎ、ふつふつと煮立ってきたら火を止め、鍋に移す。ふたをして弱火で15分煮る。牛乳を加えて混ぜ、粗熱がとれたらミキサーなどにかけてなめらかにする。
4. こし器で3をこして鍋に戻し入れ、ゴムベラなどで底を絶えず混ぜながら弱火で温める。器に盛り、生クリームをかける。

レシピ作者
うにいくら

1人当たり
144kcal

スタッフメモ　グリーンピースの甘みがやさしく、最後までおいしくいただけました。

ヴィシソワーズ
[私のヴィシソワーズ]
レシピID 952339

つくれぽ
すっごく美味しい♡
何杯でも飲めそう
笑 結婚記念日の
ディナーに♡

材料 [4人分]
- じゃがいも … 中4個
- 玉ねぎ … 中1個
- バター … 10g
- 水 … 2カップ
- 固形コンソメスープの素 … 2個
- 牛乳 … 2カップ
- 生クリーム … 1/4カップ
- 塩、白こしょう … 各少々

作り方
1. じゃがいもは皮をむき、早く火が通るように薄切りにし、水にさらしてざるにあげる。玉ねぎも薄切りにする。
2. 鍋にバターを溶かして玉ねぎを入れ、**弱火でしんなりするまで焦がさないように炒める。**
3. 2にじゃがいもを加え、全体に油が回ったら、水、コンソメも加える。ふたをして弱火でじゃがいもがやわらかくなるまで煮る。
4. 3の粗熱がとれたら、ミキサーにかけてなめらかにする。鍋に戻し入れ、牛乳を加えて沸騰させないように温める。生クリームを加えて塩、白こしょうで味をととのえ、粗熱がとれたら冷蔵庫で冷やす。
5. 器に4を盛り、お好みでパセリのみじん切り適量（分量外）をふる。

玉ねぎをよく炒めると甘みのあるおいしいスープに。

レシピ作者
マユガリータ

1人当たり
188kcal

スタッフメモ　濃厚で甘みのあるポタージュはくり返し作りたくなる味わいです。

かぼちゃの冷製ポタージュ

[簡単！カボチャの冷製スープ♪]
レシピID 2160975

つくれぽ
キンキンに冷やしていただきました！息子が三杯食べました（笑）

材料 [2〜3人分]
- かぼちゃ … 1/4 個
- 水 … 1 1/4 カップ
- 固形コンソメスープの素 … 1 個
- 牛乳 … 1 1/2 カップ
- 塩、こしょう … 各適量

作り方
1. かぼちゃは種とわたを取り除き、ラップに包んで600Wの電子レンジで5分ほど加熱する。粗熱がとれたら、ざく切りにして皮を削ぎ落とす。
2. 鍋に水、コンソメ、1を入れて火にかけ、弱火で7分ほどかぼちゃをくずしながら煮て、やわらかくなったら火を止める。
3. 粗熱がとれたら牛乳を加え、ミキサーにかけてなめらかにする。
4. 鍋に3を戻し入れ、塩、こしょうで味をととのえる。粗熱がとれたら、冷蔵庫で冷やす。お好みでパセリのみじん切り適量（分量外）や生クリームを加えてもよい。

牛乳の量を減らして生クリームを入れるとコクがアップ。

レシピ作者
★ぷう★

1人当たり
131kcal

スタッフメモ すっきりとした甘さのサラサラの冷たいポタージュ。暑い時期にぴったりですね。

シチュー・スープカレー

ビーフシチュー

[ルーから手作り♡極旨ビーフシチュー☆]

レシピID 1259612

コク旨の「ビーフシチュー」や「クリームシチュー」に、スパイスをきかせた「スープカレー」。こころもからだもぽかぽかになるメニューです。

材料 [4～5人分]

- 牛すじ肉 … 500g
- 玉ねぎ … 中2個
- にんじん … 大1本
- きのこ類 … 1パック
  （今回はしめじ1パック〈100g〉を使用）
- ブロッコリー … 1株
- デミグラスソース
  A｜トマトケチャップ、ウスターソース、赤ワイン … 各大さじ9
- バター … 60g
- 薄力粉 … 大さじ6
- 水 … 2¼カップ
- 固形コンソメスープの素 … 2個
- チョコレート … 2かけ

作り方

1. デミグラスソースを作る。ボウルにAを入れてよく混ぜ合わせる。
2. 中華鍋に弱めの中火でバターを溶かし、薄力粉を入れてダマがなくなるまで混ぜたら、さらに茶色になるまでときどき混ぜながら様子を見る。
3. いったん火を止め、水、コンソメを入れて混ぜ、1を加えて強火でよく混ぜる。仕上げにチョコレートを加えて火を止める。
4. 牛肉はひと口大に切って塩、こしょう各適量（各分量外）をする。玉ねぎ、皮をむいたにんじんは大きめに切る。きのこ類も石づきを取り、大きめに切る。
5. 圧力鍋にバター30g（分量外）を溶かし、4の牛肉を入れて色が変わるまで炒める。野菜類も加えてさっと炒め合わせる。
6. 5に水、赤ワイン各2カップ（各分量外）、固形コンソメスープの素2個を入れてふたをし、加圧してお好みの時間（20分ほど）煮込む。
7. ふたを取り、6に3を加えて**中火～強火でお好みの濃度になるまで30分煮つめる**。ブロッコリーは洗って小房に分け、耐熱容器に入れて600Wの電子レンジで2分加熱して最後に加える。

※圧力鍋は付属の説明書に従って正しくお使いください。

> 鍋底を焦がさないようにかき混ぜながら煮つめて。

レシピ作者
なおモカ

1人当たり
446kcal

> **つくれぽ**
> 家族みんな絶賛☆市販のルーは脂っぽいけどこれは美味しすぎ。

※写真では温かいご飯適量、イタリアンパセリ少々（各分量外）を添えています。

スタッフメモ 隠し味のチョコがコク増しに！手作りルウはやっぱりおいしいですね。

牛すね肉のビーフシチュー

[とろとろ牛スネ肉のビーフシチュー] レシピID 1044730

材料 [4～5人分]

- 牛すね肉 … 350g
- 赤ワイン … 1本（720㎖）
- じゃがいも … 3個
- 玉ねぎ … 2個
- にんじん … 1本
- セロリ（茎の部分）… 1/2本
- しめじ … 1/2パック
- オリーブオイル … 適量
- ローリエ … 1枚
- ビーフシチューのルウ（市販品）… 1/2箱
- 生クリーム（お好みで）… 適量

作り方

1. 牛肉は大きめのひと口大に切ってバットに入れる。**半量の赤ワインを加えて常温で30分漬ける**【コツ1】。
2. フライパンにオリーブオイルを中火で熱し、1を入れてしっかり全面を焼きつける。牛肉を漬けておいたワインはとっておく。
3. 牛肉に焼き色がついたら、2の赤ワイン、ローリエを加え、フライパンのまま弱火で30分ほど煮込む。
4. じゃがいもは皮をむき、ひと口大に切って水にさらす。玉ねぎ、皮をむいたにんじんもひと口大に切る。セロリは筋を取り、5㎜厚さの薄切りにする。しめじは根元を切り落とし、手でさく。
5. 厚手の鍋にオリーブオイルを中火で熱し、じゃがいも以外の野菜を炒める。
6. 全体に油が回ったら、3を煮汁ごと加え、2の**残っている半量の赤ワインを注ぎ入れる**。強火にして5～10分沸騰させ、ていねいにアクを取る（ここでしっかり沸騰させないと、酸味が強くなりすぎるので注意）。
7. ふたをしてごく弱火にし、1時間ほどじっくりと煮込む。ローリエを取り出してじゃがいもを加え、ふたをして弱火で30分煮込む。煮つまるようであれば、水適量（分量外）を足す。
8. 火を止めてルウを割り入れ、木べらで混ぜながら溶かす。再び弱火にかけ、とろみがついたら、火を止める。器に盛り、お好みで生クリームをたらす。

レシピ作者 とももん1028

1人当たり 264kcal

ワインの酸味が苦手な人は水360㎖に代えてもOK。

コツ①

ワインは300円前後で手に入る料理ワインを使用。

スタッフメモ　お肉を赤ワインで漬けて煮るからクセがなくなりトロトロ。コクもたっぷり！

> **つくれぽ**
> 初めて作りました！主人が大絶賛で毎日せがまれます。本当に美味！

107

コーンクリームシチュー

[コーン缶で簡単コーンクリームシチュー♪] レシピID 1623225

つくれぽ
コーンの甘さに癒されます☆パンにすごくよく合いました！おいしい！

材料 [作りやすい分量]

- 鶏もも肉（または鶏むね肉）… 1枚
- じゃがいも … 中3〜4個
- 玉ねぎ … 2個
- にんじん … 1本
- 小麦粉 … 大さじ4

A
- コーン缶（クリーム）… 1缶（435g）
- 牛乳 … 2カップ
- 水 … 3カップ
- 固形コンソメスープの素 … 3個
- コーンまたはミックスベジタブル（お好みで）… 適量

作り方

1. 鶏肉、皮をむいたじゃがいもとにんじん、玉ねぎは食べやすく切る。
2. 深めの鍋にバター、なければサラダ油適量（各分量外）を熱し、鶏肉を炒める。軽く塩、こしょう（各分量外）をし、野菜も加えて十分に炒め合わせる。
3. 火を止めて小麦粉を入れ、全体がなじむように混ぜる。粉っぽさがなくなったら、**Aを入れてよくかき混ぜる**。
4. 再び火にかけ、弱火〜弱めの中火で鶏肉と野菜に火が通り、全体にとろみがつくまで**ときどき底から混ぜながら**煮込む。味を見て、薄ければ塩、こしょう各適量（各分量外）で味をととのえ、濃ければ牛乳または水各適量（各分量外）を足す。
5. 仕上げにお好みでコーンまたはミックスベジタブルを加えて混ぜ、火を止める。

レシピ作者
ぷくっとぷくまる

全量で
1506kcal

スタッフメモ　缶詰で作れるコーンクリームシチューは忙しい主婦にぴったり！

白菜のクリームシチュー

[手間なし簡単♥白菜のクリームシチュー] レシピID 20457545

つくれぽ
ダマにならずに上手に作れました。これからは、このレシピで。

材料 [4～5人分]

- 白菜 … 1/4株（500～600g）
- 玉ねぎ … 1/2個
- ベーコン … 70g（またはウインナーソーセージ … 4～5本）
- 水 … 2カップ
- 顆粒コンソメスープの素 … 小さじ2（固形コンソメスープの素なら1個）
- 牛乳（または豆乳）… 2カップ
- 塩、こしょう … 各少々
- ルウ
  - バター … 30g
  - 薄力粉 … 大さじ2～3

作り方

1. ルウを作る。耐熱容器にバターを入れ、<u>ラップをかけずに600Wの電子レンジで10秒ほど加熱して溶かさないようにやわらかくし</u>、練り混ぜながら薄力粉を加えて混ぜる。
2. 白菜とベーコンは食べやすい大きさに切る。玉ねぎは5mm厚さの薄切りにする。
3. 鍋に水とコンソメを入れて火にかける。2を入れてふたをし、弱火～中火で10分ほど煮る。
4. 野菜がやわらかくなったら、牛乳（または豆乳）を加えて<u>沸騰させないように温める</u>。味を見て、塩、こしょうで味をととのえる。
5. いったん火を止め、1を入れてよく混ぜる。再び弱火にかけて混ぜ、とろみがつくまで煮て火を止める。器に盛り、お好みでパセリのみじん切り適量（分量外）をふる。

レシピ作者 komomoもも

1人当たり **194kcal**

スタッフメモ　レンジでのルウ作りが簡単！お料理ビギナーさんにおすすめしたいです。

クリームシチュー

[基本のクリームシチュー] レシピID 253817

レシピ作者 **けゆあ**

1人当たり **486kcal**

材料［4人分］

鶏もも肉 … 400g
にんじん … 2本
玉ねぎ … 1個
じゃがいも … 2個
塩、こしょう … 各適量
白ワイン（または日本酒）… 1/2カップ
スープ（固形スープの素3個分）… 2カップ
ホワイトソース
　バター、サラダ油 … 各大さじ1
　小麦粉 … 大さじ4
　牛乳 … 3カップ

作り方

1. 鶏肉は食べやすい大きさに切り、塩、こしょうをする。皮をむいたにんじんとじゃがいも、玉ねぎは乱切りにする。
2. 鍋に油適量（分量外）を熱し、鶏肉の両面を色よく焼く。脂を捨てて白ワインをふり、強火で煮立ててアルコール分を飛ばす。
3. 2に野菜を入れてよく炒める。スープを加え、野菜がやわらかくなるまで煮込む。
4. ホワイトソースを作る。別の鍋にバター、サラダ油を熱し、小麦粉を入れて弱火で焦がさないように炒める。<u>泡立て器で混ぜながら、牛乳を少しずつ加える</u>【コツ1】。
5. 3に4を加えて溶きのばし、とろみがつくまで煮込む。仕上げにお好みで食べやすい大きさに切ったマッシュルーム、ブロッコリー、アスパラガスなど各適量（各分量外）を加え、軽く煮て火を止める。

コツ①

ダマにならないように必ず泡立て器でかき混ぜながら、牛乳を少しずつ加えて。

つくれぽ
市販ルゥより断然美味しい！もうクリームシチューはこれで決定！

スタッフメモ　この作り方をマスターすれば、お料理上手だとほめられそう。

ハヤシシチュー

[完熟トマトで☆子供が喜ぶハヤシシチュー]

レシピID 6331150

つくれぽ
トマトたっぷりでとっても美味しかったぁ。トマト嫌いの子供もペロリ

材料 [4人分]
- トマト … 3個
- 玉ねぎ … 1個
- 牛切り落とし肉 … 300g
- 小麦粉 … 大さじ2
- 酒 … 1/4カップ

A
- トマトケチャップ … 大さじ4
- 中濃ソース … 大さじ3
- 顆粒コンソメスープの素 … 小さじ1
- 塩 … 小さじ1/2

パセリ(お好みで・みじん切り) … 適量

作り方
1. トマトは皮を湯むきしてひと口大に切る。玉ねぎは繊維にそって薄切りにする。牛肉は食べやすい大きさに切る。
2. 鍋にサラダ油大さじ1(分量外)を中火で熱し、玉ねぎ、牛肉の順に炒める。玉ねぎが透き通ってきたら、いったん火を止める。小麦粉をふり入れ、具材とよく混ぜ合わせる。
3. <u>2に1のトマトと酒を加え、ふたをして弱火で10分ほど煮て</u>、Aで調味する。
4. ふたを取り、さらに中火で10分煮る。味を見て薄ければ塩少々(分量外)で味をととのえ、火を止める。器に盛り、お好みでパセリを散らす。

煮くずれるまでトマトから出る水分で煮るとよい。

レシピ作者

しおりのテーマ

1人当たり
256kcal

スタッフメモ　トマトの旨みがギュッと凝縮されていて激うま！ご飯にかけて食べてもおいしいです。

じゃがいもとウインナーのスープカレー

[ポテトとウィンナーのカレースープ]

レシピID 5404415

つくれぽ
中途半端に残っていたカレールウがおいしく大変身してうれしいです。

材料［3〜4人分］
- じゃがいも … 中2個
- ウインナーソーセージ … 5〜6本
- カレールウ … 1かけ
- 牛乳 … 1½カップ
- 塩、こしょう … 各適量
- サラダ油 … 適量

今回は中辛のカレールウを使用。お好みで甘口でも。

作り方
1. じゃがいもは皮をむいて1cm角のさいの目に切り、水に5分以上さらして水けをきる。ウインナーソーセージは1cm幅の輪切りにする。
2. 鍋にサラダ油を中火で熱し、1を入れて1〜2分炒める。
3. 2に水1カップ（分量外）を加えて強火にし、ふたをする。沸騰したら火を弱め、ふたをしたまま3〜4分煮る。
4. じゃがいもがやわらかくなってきたら、火を止めてカレールウを加え、やさしく混ぜながら煮溶かす。
5. 4に牛乳を加えてときどき混ぜながら、弱めの中火で温める。味を見てお好みで塩、こしょうで味をととのえ、沸騰直前で火を止める。器に盛り、お好みでパセリのみじん切り適量（分量外）を散らす。

レシピ作者
caramel-cookie

1人当たり
156kcal

スタッフメモ　カレーのコクと牛乳のまろやかさがマッチしていました。朝食にもgood！

スパイスで作るスープカレー

[スパイスは5つだけ★札幌スープカレー]　レシピID 1223106

材料［2人分］

- 玉ねぎ（みじん切り）… 中1/2個
- じゃがいも … 小2個
- にんじん … 小1/2本
- 鶏もも肉 … 1枚
- ピーマン … 2個
- ゆで卵 … 1個
- 炒め用サラダ油 … 大さじ2
- にんにく（みじん切り）… 1かけ
- バジル（乾燥）… 小さじ1強

A
- ガラムマサラ … 小さじ2
- コリアンダー（粉末）… 小さじ1強
- クミン（粉末）… 小さじ1強
- カレーパウダー … 大さじ2

B
- 水 … 3½カップ
- 固形コンソメスープの素 … 1個
- 砂糖 … 小さじ1強
- しょうゆ … 小さじ1

- 塩 … 小さじ1/2〜1

作り方

1. じゃがいもとにんじんは皮をむき、縦半分に切る。600Wの電子レンジで3分加熱する（またはゆでる）。
2. 鶏肉は大きめのひと口大に切る。ピーマンはへたと種を取って半分に切る。
3. 鍋にサラダ油を弱火で熱し、**にんにくとバジルを入れ、きつね色になるまで炒める**。Aのスパイスをすべて入れ、焦がさないようにさらに5分ほど炒める。

　焦がしバジルが味の決め手!

4. 3に玉ねぎを加えてさらに5分ほど炒め、スパイスとなじませる。Bを入れ、中火でふつふつとするまで煮る。塩はまず半量入れ、仕上げに残りで調節するとよい。
5. 4に2の鶏肉を入れ、弱火〜中火でアクを取りながら10分ほど煮る。
6. 1と2のピーマンを入れ、弱火で5分ほど煮て火を止める。
7. 器に具材を先に盛って半分に切ったゆで卵をのせ、スープを注ぐ。別の器に温かいご飯適量（分量外）をよそう。

レシピ作者
りゅうちゃんママ

1人当たり
459kcal

スタッフメモ　食欲をそそる香りで完成が待ちきれなかったです。焦がしバジルが最高！

> **つくれぽ**
> これでお店に食べに行かなくてもすみます！おいしいですね★感謝！

[トマトシチュー] レシピID 1572395

トマトシチュー

材料 [4 〜 5 人分]

合いびき肉 … 300g
玉ねぎ … 1 個
にんじん … 小 1 本
じゃがいも … 2 個
にんにく … 1 かけ
バター … 20g
サラダ油 … 大さじ 1/2
小麦粉 … 大さじ 2 強
A｜カットトマト缶 … 1 缶 (400g)
　｜水 … 1 カップ
　｜固形コンソメスープの素 … 1 個
塩 … 少々 (多め)
こしょう … 少々
生クリーム … 大さじ 2

作り方

1　玉ねぎとにんにくはみじん切りにする。にんじんとじゃがいもは皮をむいて1.5cmの角切りにし、じゃがいもだけ水にさらす。

2　鍋にサラダ油、バターを入れて熱し、にんにくを入れて焦がさないように炒める。玉ねぎとひき肉を加えてさらに炒める。

3　ひき肉の色が変わり、玉ねぎが透き通ってきたら、にんじんとじゃがいもを加え、じゃがいもの色が全体に透き通るまでじっくりと炒め合わせる。

4　3に小麦粉を入れて炒め混ぜ、Aを加えて**ときどきへらで混ぜながら**、弱火で20〜30分煮る(ふたをしてもOK)。

小麦粉が入っているので焦げないようにする。

5　じゃがいもがやわらかくなったら、塩、こしょうで味をととのえる(塩で味が決まるので、味見をしながら多めに加える)。

6　仕上げに生クリームを入れて全体を混ぜて火を止める。器に温かいご飯適量(分量外)をよそい、シチューをかける。お好みでパセリのみじん切り少々(分量外)を散らす。

レシピ作者
HIROマンマ

1人当たり
263kcal

つくれぽ
まろやかで美味しかったぁ！ごはんにもパンにも合うのがお気に入り♡

スタッフメモ　野菜がモリモリ食べられるヘルシーシチュー。おいしすぎて食べすぎてしまいそう。

つゆ・スープ・ソース

作っておくと便利！

あると便利なつゆ、スープ、ソースレシピ。ひと手間かけた味は格別です。

そばつゆ

[絶品♪そばつゆ]
レシピID 4711621

材料[2人分]
- 水 … 1¾カップ
- かつお節 … 15g
- A みりん、しょうゆ … 各80㎖
  砂糖 … 大さじ2
  酒 … 小さじ1

作り方
1. 鍋に水を入れて火にかけ、沸騰したらかつお節をさっと入れ、すぐに火を止める。
2. しばらくしてかつお節が沈んだら、ざるでだし汁をこす。
3. 鍋にAを入れてひと煮立ちさせ、2を合わせて火を止める。

つくれぽ
だしの香り最高。何度作ってもやっぱり裏切らない美味しさです。

レシピ作者
梅ミッキー

1人当たり
186kcal

スタッフメモ　甘めのつゆなので、お子さんがいるご家庭で大活躍しそうですね。

118

めんつゆ

[手作り♪★☆めんつゆ☆★]

レシピID 2773316

つくれぽ
半量で作ったことを後悔する美味しさ！もうめんつゆは買わない♪

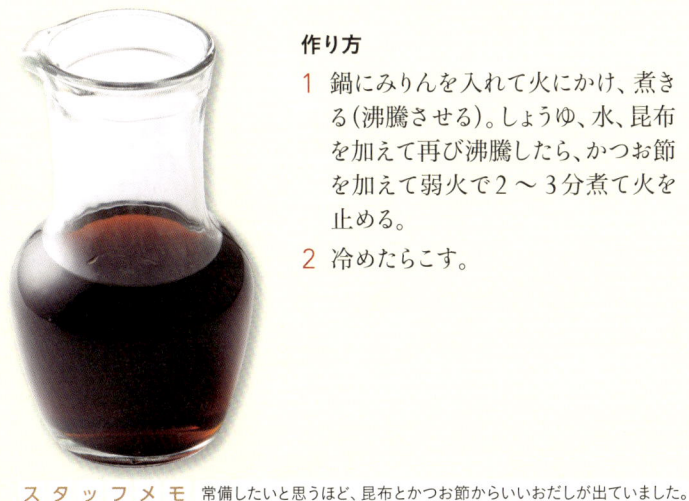

材料 [作りやすい分量]
みりん、しょうゆ … 各1カップ
水 … 4カップ
昆布 … 10cmくらい
かつお節 … ひとつかみ

作り方
1. 鍋にみりんを入れて火にかけ、煮きる（沸騰させる）。しょうゆ、水、昆布を加えて再び沸騰したら、かつお節を加えて弱火で2〜3分煮て火を止める。
2. 冷めたらこす。

レシピ作者 ぶりマン

全量で **770kcal**

スタッフメモ　常備したいと思うほど、昆布とかつお節からいいおだしが出ていました。

そうめんつゆ

[レンジで簡単☆ストレート☆そうめんつゆ☆]

レシピID 585632

つくれぽ
使い切りの量でいいですね！美味しかった！

材料 [3〜4人分]
A｜みりん … 25mℓ
　｜しょうゆ … 1/4カップ
　｜水（できれば浄水）… 1カップ
　｜砂糖 … 小さじ1/2〜1
かつお節 … 10g

作り方
1. 耐熱ボウルにAを入れてよく混ぜる（ここで味を見て、甘さを確認するとよい）。
2. 1にかつお節を加えて600Wの電子レンジで2分30秒加熱する。
3. 冷めたらこして冷蔵庫で冷やす。保存は冷蔵庫で約2日間。

レシピ作者 満月152000

1人当たり **36kcal**

スタッフメモ　レンジであっという間に作れて、しかもおいしいなんて最高でした。

鶏ガラスープ

[重宝する鶏ガラスープの取り方] レシピID 1024547

材料 [作りやすい分量]

鶏ガラ … 2羽
A | 長ねぎ（青い部分）… 3本
　| にんにく（つぶす）… 1かけ
　| しょうが（皮つき・薄切り）… 1枚
水 … 4ℓ

つくれぽ
鶏ガラ初めて！これでラーメンを作る予定！詳しい説明に感謝♡

作り方

1. 鶏ガラはさっと水洗いする。
2. **鍋にたっぷりの湯を沸かし、1を入れて1分ゆで** ⓐ、すぐに冷水にとり、鶏ガラに残った内臓や血合いをていねいに取り除く。
3. 鶏ガラを包丁で適当な大きさに切り分ける。骨から旨みが出るので必ず行う。
4. 鍋に水と3を入れて強火にかける。**沸騰したらすぐ弱火にし、アクをていねいに取りながら** ⓑ **クツクツ煮込む**。
5. 30分ほど煮てアクがほとんど出なくなったら、Aを入れて弱火で1時間ほど煮込む。このときもグラグラさせない。
6. 火を止め、長ねぎを取り除き、骨やにんにく、しょうがをざるでこす。

ⓐ いったん熱湯にくぐらせると臭みが抜ける。

ⓑ グラグラさせるとスープが濁り、えぐみが出るので注意。

レシピ作者
クッキングSパパ

全量で
240kcal

スタッフメモ ひと手間かけて作るスープは透き通っていておいしいです。

デミグラスソース
[デミグラスソース簡単手作り]
レシピID 946882

材料 [オムライスにかける2〜3人分]
- 玉ねぎ … 1/2個
- 赤ワイン … 80㎖
- 水 … 1/2カップ
- A
  - 顆粒チキンコンソメ スープの素 … 小さじ2
  - トマトケチャップ … 大さじ2
  - 中濃ソース … 大さじ1
  - 砂糖 … 大さじ1〜1½
- 小麦粉 … 小さじ1
- 生クリーム(または牛乳) … 60㎖

つくれぽ
タンシチューで美味しく頂きました♪簡単レシピありがと☆

作り方
1. 玉ねぎは薄切りにする。
2. フライパンにサラダ油適量(分量外)を熱し、**玉ねぎを入れてしんなり半量くらいになるまで炒める**a。
3. 2に赤ワインと水を入れて沸騰させ、アルコール分を飛ばす。やや弱火にし、Aを上から順に加えて混ぜる。
4. いったん火を止め、**小麦粉を茶こしでふるいながら加え**b**、ダマにならないように混ぜる**。
5. 再び弱火にかけ、生クリーム(または牛乳)を加える。味を見て、酸味が強ければ、砂糖、生クリーム各適量(各分量外)で味をととのえる。

a しんなり半量になると同時に、これくらいの色になるまで炒める。

b 茶こしを使って小麦粉を加えれば、ダマになるのを防げる。

レシピ作者 cyoko0214

1人当たり **139kcal**

スタッフメモ オムライスやハンバーグなどのソースに使えてとても便利です。

プレミアムサービスの紹介

誰でも無料で利用できるクックパッドのサイトですが、月額利用料（280円＋税※）のプレミアムサービスを利用すると、もっと便利になります。

たとえば、食材や料理名で検索すると、人気順に検索結果を見ることができたり、1000人以上から「つくれぽ」をもらった「殿堂入りレシピ」を見ることができたりと、レシピ検索がスムーズになります。その他にも、レシピのカロリー計算ができる機能や、「MYフォルダ」でのレシピの保管・管理が3000件までに拡張できるなど、クックパッドのすべての機能を使うことができるようになります。

利用者の90％以上の人が、「レパートリーが増えた」「おいしく作れるようになった」「献立に悩まなくなった」と実感しているこのサービス、ぜひ一度ご体験を。

※2014年9月現在のプレミアムサービスは月額280円（税抜）。iPhone・iPadアプリからのご登録の場合のみ、月額300円となります。

140万人以上が利用中！
プレミアムサービスでできること

人気順検索

① おいしくて作りやすい！大人気のレシピがすぐに見つかる！

材料や料理名で検索すると、人気順に検索結果を見ることができます。また、1000人以上が「つくれぽ」した「殿堂入りレシピ」も見られるから、おいしい食卓作りにとても便利です。

1000人以上がつくれぽ！殿堂入りレシピ

食費がグンと減る！／時間と手間を短縮！／ヘルシーで栄養抜群！

節約　スピード　太らない

からだケア　ベビー＆ママ　美容・ダイエット　キッズ

② 毎日の献立が悩まず決まる！

1週間分の献立を管理栄養士がテーマ別に選んで毎日提案。お買い物の悩みも、毎日の献立決めの悩みも一気に解消！

③ 専門家が選んだレシピで健康に！

ダイエットや乳幼児の離乳食、からだの悩みを持つご家族にも役立つ目的別レシピを各ジャンルの専門家が厳選して提案。

その他にも、料理がもっと楽しくなる！おいしくなる！便利な機能がいっぱい！

クックパッド　プレミアムサービス　検索

素材別 index

野菜・きのこ類

青じそ
- 豆腐ときゅうりの冷や汁 …… 61

かぼちゃ
- かぼちゃの冷製ポタージュ …… 103
- かぼちゃのポタージュ …… 92

きのこ類
- 豆乳スープ …… 18
- きのこのクリームスープ …… 32
- あっさりけんちん汁 …… 55
- わかめとまいたけのスープ …… 66
- きのこのスープ …… 72
- 鶏団子スープ …… 74
- しょうがと昆布のスープ …… 80
- 酸辣湯 …… 80
- トムヤムクン …… 88
- マッシュルームのポタージュ …… 99
- ビーフシチュー …… 104
- 牛すね肉のビーフシチュー …… 106

キャベツ
- ポトフ …… 16
- チーズスープ …… 19
- スープ餃子 …… 82

きゅうり
- ガスパチョ …… 39
- 豆腐ときゅうりの冷や汁 …… 61

グリーンピース
- グリーンピースのポタージュ …… 101

小ねぎ
- 大根とにんじんのみそ汁 …… 40
- 長いものみそ汁 …… 42

ごぼう
- ごぼうのポタージュ …… 56
- にんにく入りけんちん汁 …… 84
- サムゲタン …… 95

じゃがいも・長いも
- クラムチャウダー …… 14
- ポトフ …… 16
- ミネストローネ …… 22
- 長いものみそ汁 …… 42
- ポテトポタージュ …… 94
- ブロッコリーのポタージュ …… 96
- ヴィシソワーズ …… 102
- 牛すね肉のビーフシチュー …… 106
- コーンクリームシチュー …… 108
- クリームシチュー …… 110
- じゃがいもとウインナーのスープカレー …… 113
- スパイスで作るスープカレー …… 114
- トマトシチュー …… 116

しょうが
- しょうがが入り玉ねぎスープ …… 28
- しょうがと昆布のスープ …… 59

セロリ・香菜
- 洋風素材の和風スープ …… 60
- トムヤムクン …… 88
- 牛すね肉のビーフシチュー …… 106

大根・かぶ
- あっさりけんちん汁 …… 55
- 大根とにんじんのみそ汁 …… 40
- にんにく入りけんちん汁 …… 56
- 粕汁 …… 58

にんにく
- にんにく入りけんちん汁 …… 56
- 粕汁 …… 58
- しょうがと昆布のスープ …… 59
- 酸辣湯 …… 80

124

目次

たけのこ
- サムゲタン …… 84
- 大根のポタージュ …… 100
- 酸辣湯 …… 80

玉ねぎ
- ミネストローネ …… 14
- ポトフ …… 16
- オニオングラタンスープ …… 20
- クラムチャウダー …… 22
- 丸ごと新玉ねぎのスープ …… 25
- 玉ねぎとにんじんのスープ …… 26
- しょうが入り玉ねぎスープ …… 28
- きのこのクリームスープ …… 32
- 簡単ブイヤベース …… 37
- ガスパチョ …… 39
- にんにく入りけんちん汁 …… 56
- 白菜と肉団子のスープ …… 60
- 洋風素材の和風スープ …… 76
- スープ餃子 …… 82
- ほうれん草のポタージュ …… 90
- ポテトポタージュ …… 94
- ごぼうのポタージュ …… 95
- ブロッコリーのポタージュ …… 96
- 玉ねぎとにんじんのポタージュ …… 98
- マッシュルームのポタージュ …… 99
- グリーンピースのポタージュ …… 100
- 大根のポタージュ …… 101
- ヴィシソワーズ …… 102
- クリームシチュー …… 104
- 白菜のクリームシチュー …… 106
- コーンクリームシチュー …… 108
- ビーフシチュー …… 109
- 牛すね肉のビーフシチュー …… 110
- スパイスで作るスープカレー …… 112
- トマトシチュー …… 114
- ハヤシシチュー …… 116
- デミグラスソース …… 121

冬瓜
- 冬瓜と卵のスープ …… 78

トマト
- トマトとレタスのスープ …… 24
- ガスパチョ …… 39
- ハヤシシチュー …… 112

長ねぎ
- あっさりけんちん汁 …… 29
- 長ねぎのスープ …… 44
- 粕汁 …… 50
- 白菜スープ …… 55
- 鶏団子スープ …… 58(?)
- 酸辣湯 …… 73
- スープ餃子 …… 74
- 玉ねぎとにんじんのポタージュ …… 80
- 鶏団子スープ …… 74
- 白菜と肉団子のスープ …… 76
- サムゲタン …… 84
- キムチスープ …… 86
- ビーフシチュー …… 104
- 牛すね肉のビーフシチュー …… 106(?)
- コーンクリームシチュー …… 108
- クリームシチュー …… 110
- スパイスで作るスープカレー …… 114
- トマトシチュー …… 116
- 春雨とにら玉スープ …… 120

なす
- なすのみそ汁 …… 43

にら
- 春雨とにら玉スープ …… 64

にんじん
- ミネストローネ …… 14
- ポトフ …… 16
- クラムチャウダー …… 22
- 玉ねぎとにんじんのスープ …… 26
- 大根とにんじんのみそ汁 …… 40

にんにく
- にんにく入りけんちん汁 …… 56

白菜
- 豆乳スープ …… 18
- ミルクコンソメスープ …… 30
- 鮭と白菜のミルクスープ …… 36
- クラムチャウダー …… 56(?)
- ポトフ …… 73(?)
- ビーフシチュー …… 74
- サムゲタン …… 80
- 玉ねぎとにんじんのポタージュ …… 82
- 牛すね肉のビーフシチュー …… 98
- コーンクリームシチュー …… 104
- クリームシチュー …… 106
- スパイスで作るスープカレー …… 108
- ビーフシチュー …… 110
- トマトシチュー …… 114
- にんにく入りけんちん汁 …… 56
- 白菜と卵のスープ …… 67
- 白菜スープ …… 55(?)
- にんじん入りけんちん汁 …… 56
- 大根とにんじんのみそ汁 …… 116

- 白菜スープ …… 73
- 鶏団子スープ …… 74
- 白菜と肉団子のスープ …… 76
- 白菜のクリームシチュー …… 109
- ガスパチョ …… 39
- スパイスで作るスープカレー …… 114
- ピーマン・赤ピーマン
- ビーフシチュー …… 104
- ブロッコリーのポタージュ …… 96
- ミルクコンソメスープ …… 30
- 豆乳スープ …… 18
- ブロッコリー（茎も）
- ほうれん草のポタージュ …… 104
- ワンタンスープ …… 46
- ほうれん草のお吸いもの …… 81
- ほうれん草
- 三つ葉と卵のお吸いもの …… 52
- 三つ葉
- はまぐりのお吸いもの …… 48
- あさりのお吸いもの …… 54

- なすのみそ汁 …… 43
- みょうが
- 豆腐ときゅうりの冷や汁 …… 61
- もやしの中華スープ …… 75
- もやし
- トマトとレタスのスープ …… 24
- レタス
- トマトシチュー …… 116
- 合いびき肉

肉・加工肉・卵・乳製品

- トマトシチュー …… 14
- ウインナーソーセージ …… 16
- ミネストローネ …… 18
- ポトフ …… 34
- 豆乳スープ …… 113
- トマトスープ
- じゃがいもとウインナーのスープカレー
- スパイスで作るスープカレー …… 114
- ワンタンスープ …… 81
- チーズスープ …… 19
- チーズ
- オニオングラタンスープ …… 20

- ハヤシチュー …… 104
- 牛すね肉のビーフシチュー …… 106
- ビーフシチュー …… 112
- 牛肉
- トマトとレタスのスープ …… 24
- 卵入りみそ汁 …… 44
- ほうれん草のお吸いもの …… 46
- 三つ葉と卵のお吸いもの …… 48
- 春雨とにら玉スープ …… 64
- 白菜と卵のスープ …… 67
- 中華卵スープ …… 68
- 中華風コーンスープ …… 70
- もやしの中華スープ …… 75
- 白菜と肉団子のスープ …… 76
- 冬瓜と卵のスープ …… 78
- 酸辣湯 …… 80
- 卵

- 春雨とにら玉スープ …… 64
- チーズスープ …… 19
- ハム
- キムチスープ …… 73
- 白菜スープ …… 80
- 白菜と肉団子のスープ …… 76
- 酸辣湯 …… 80
- 豚肉
- クラムチャウダー …… 22
- ミルクコンソメスープ …… 30
- きのこのクリームスープ …… 32
- 洋風素材の和風スープ …… 60
- 白菜のクリームシチュー …… 109
- ベーコン
- 鶏団子スープ …… 74
- サムゲタン …… 84
- コーンクリームシチュー …… 108
- クリームシチュー …… 110
- スパイスで作るスープカレー …… 114
- 鶏ガラスープ …… 120
- 鶏肉

シーフード・海草類

あさり・はまぐり
- クラムチャウダー … 22
- はまぐりのお吸いもの … 52
- あさりのお吸いもの … 54

えび
- トムヤムクン … 88

鮭
- 鮭と白菜のミルクスープ … 36

ひじき
- ひじきと豆腐のスープ … 79

わかめ・とろろ昆布
- 豆腐とわかめと昆布のスープ … 45
- しょうがとわかめのみそ汁 … 59
- わかめとまいたけのスープ … 66
- ひじきと豆腐のスープ … 79

加工品・そのほか

油揚げ・厚揚げ
- 大根とにんじんのみそ汁 … 40
- あっさりけんちん汁 … 55
- にんにく入りけんちん汁 … 56
- 粕汁 … 58

コーン缶
- 豆乳スープ … 18
- コーンクリームスープ … 38
- 中華風コーンスープ … 70
- コーンクリームシチュー … 108

こんにゃく
- 粕汁 … 58

酒粕
- 粕汁 … 58

さば水煮缶
- 簡単ブイヤベース … 37
- サバ缶冷や汁 … 62

トマト水煮缶
- 簡単ブイヤベース … 37
- ミネストローネ … 14
- トマトスープ … 34
- 酸辣湯 … 37
- キムチスープ … 80
- ひじきと豆腐のスープ … 79
- サバ缶冷や汁 … 62
- あっさりけんちん汁 … 55
- 団子入りお吸いもの … 50
- 豆腐とわかめのみそ汁 … 45

豆腐・おから
- 豆腐ときゅうりの冷や汁 … 61

豆乳
- 豆乳スープ … 18

手毬麩
- はまぐりのお吸いもの … 52

水餃子・餃子の皮
- ワンタンスープ … 81
- スープ餃子 … 82

白菜キムチ
- キムチスープ … 86
- 白菜スープ … 73
- 白菜と肉団子のスープ … 76

春雨
- 春雨とにら玉スープ … 64

パン
- オニオングラタンスープ … 20
- ガスパチョ … 39

トマトシチュー … 116

制作協力
クックパッドをご利用のみなさん

監修
クックパッド株式会社
http://cookpad.com

Staff

編集協力	内堀俊（コンセント）
	平舘玲子
デザイン	村口敬太、
	芝 智之、寺田朋子
	（スタジオダンク）
撮　　影	市瀬真以（スタジオダンク）
ライティング	倉橋利江
料理制作	しらいしやすこ、小澤綾乃
スタイリング	加藤洋子
カロリー計算	東洋システムサイエンス
撮影協力	UTUWA

本書の内容に関するお問い合わせは、書名、発行年月日、該当ページを明記の上、書面、FAX、お問い合わせフォームにて、当社編集部宛にお送りください。電話によるお問い合わせはお受けしておりません。また、本書の範囲を超えるご質問等にもお答えできませんので、あらかじめご了承ください。
　FAX：03-3831-0902
　お問い合わせフォーム：http://www.shin-sei.co.jp/np/contact-form3.html

落丁・乱丁のあった場合は、送料当社負担でお取替えいたします。当社営業部宛にお送りください。
本書の複写、複製を希望される場合は、そのつど事前に、（社）出版者著作権管理機構（電話：03-3513-6969、FAX：03-3513-6979、e-mail：info@jcopy.or.jp）の許諾を得てください。
JCOPY ＜（社）出版者著作権管理機構 委託出版物＞

クックパッドのおいしい　厳選！スープレシピ

監　修	クックパッド株式会社
発行者	富永靖弘
印刷所	慶昌堂印刷株式会社

発行所　東京都台東区台東2丁目24　株式会社　新星出版社
〒110-0016　☎03(3831)0743

Ⓒ cookpad、SHINSEI Publishing Co.,Ltd.　　Printed in Japan

ISBN978-4-405-09265-5